은사, 하나님의 선물

- 개인과 교회와 사회적 성화의 방편 -

도서출판 **다함**은

1. **다**윗과 아브라**함**의 자손
   아브라함과 다윗의 자손으로, 하나님 구원의 언약 안에 있는 택함 받은 하나님 나라 백성을 뜻합니다.

2. 마음과 뜻과 힘을 **다하여** 하나님을 사랑하라
   구약의 언약 백성 이스라엘에게 주신 명령(신 6:5)을 인용하여 예수님이 가르쳐 주신 새 계명
   (마 22:37, 막 12:30, 눅 10:27)대로 마음과 뜻과 힘을 다해 하나님을 사랑하겠노라는 결단과 고백입니다.

사명선언문

1. 성경을 영원불변하고 정확무오한 하나님의 말씀으로 믿으며, 모든 것의 기준이 되는 유일한 진리로 인정하겠습니다.
2. 수천 년 주님의 교회의 역사 가운데 찬란하게 드러난 하나님의 한결같은 다스림과 빛나는 영광을 드러내겠습니다.
3. 교회에 유익이 되고 성도에 덕을 끼치기 위해, 거룩한 진리를 사랑과 겸손에 담아 말하겠습니다.
4. 하나님 앞에서 부끄럽지 않도록 항상 정직하고 성실하겠습니다.

은사, 하나님의 선물

개인과 교회와 사회적 성화의 방편

초판 1쇄 인쇄 2023년 01월 26일
초판 1쇄 발행 2023년 02월 06일

지은이 | **성민규**

교 정 | 이수화
디자인 | 장아연
펴낸이 | 이웅석
펴낸곳 | 도서출판 다함
등 록 | 제2018-000005호
주 소 | 경기도 군포시 산본로 323번길 20-33, 701-3호(산본동, 대원프라자빌딩)
전 화 | 031-391-2137
팩 스 | 050-7593-3175
블로그 | https://blog.naver.com/dahambooks
이메일 | dahambooks@gmail.com

ISBN 979-11-90584-64-7 [04230] | 979-11-90584-65-4 [세트]

종교개혁 신학 01

은사, 하나님의 선물

개인과 교회와 사회적 성화의 방편

성민규

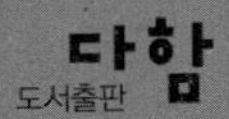

목차

[제2장] 성화와 은사

추천사

본디 신학과 목회는 하나입니다. 하나님을 궁구하는 이는 필연적으로 사람을 사랑하고 성도를 돌보고, 그 반대도 마찬가지입니다. 그런데 언제부턴가 둘이 따로 놀기 시작하여 그 결과 지나치게 현학적이거나 현실적이고, 독단적이거나 맹목적이게 됐습니다. 그 둘을 겸비한 성민규 목사의 이 책으로 우리는 경건의 모양만 갖춘 신자가 아니라 경건의 능력을 더하는 길에 들어섰습니다. 저자의 안내를 따라서 칼뱅의 정신을 구현하는 힘있는 교회와 신자의 삶에 한 걸음 더 바짝 다가서게 되었습니다.

김기현 목사 (로고스교회, 『욥, 까닭을 묻다』의 저자)

한국 교회는 은사에 대한 이해가 아주 다양합니다. 한편으로는 은사에 대해 너무 관심이 없거나 피상적으로 알고 있고, 다른 한편으로는 너무 가시적인 은사에만 집중하여 편향된 입장으로 흐르기도 합니다. 이 책은 성경과 칼뱅의 신학에 나타난 은사에 대한 가르침을 통하여 은사의 의미를 포괄적이면서도 심도 있게, 균형 있으면서도 실제적으로 제시하고 있습니다. 이 책의 독자는 은사에 대한 매우 성경적이며 전체적인 이해와 함께, 아주 구체적인 문제에 대한 해답을 얻게 될 것입니다. 은사는 반드시 삼위일체 하나님의 주도권 속에서 이해되어야 하고, 교회의 덕을 세우는 목적으로 사용되어야 하며, 개인과 공동체의 성화를 증진시키는 결과를 낳아야 한다는 저자의 주장은 두고두고 되새겨볼 만합니다. 책의 끝에 나오는 "건강한 은사론 정립을 위한 아홉 가지 제언"은 이 시대 한국 교회가 꼭 기억해야 할 영적 메니페스토(manifesto)임에 분명합니다. 또한, 각 장 뒤에 나오는 요약과 나눔을 위한 질문은 교회나 소그룹에서 교재로 활용하기에 아주 유용합니다. 이 책은 정말 교회를 위한 책입니다. 성경적이며 건강한 은사론을 알고 싶은 모든 분에게 적극 권합니다.

우병훈 교수 (고신대학교 신학과 교의학, 『교회를 아는 지식』의 저자)

이 책은 성령의 은사에 대해서 우리 교회와 신학계에 널리 퍼져 있는 오류를 성경의 관점에서 올바르게 지적하기 위해 특히 16세기 종교개혁자 칼뱅의 은사론에 집중하는, 독특하면서도 시의적절한 글입니다. 저자는 이 글을 통해서 성경이 증거하는 은사의 기본적 이해를 조명하되 조직신학적 렌즈를 통해서 이를 새롭게 수행해 내었습니다. 은사를 성령론적으로만 조망하는 기존의 입장들과는 달리 이를 창조론적, 인간론적, 기독론적 그리고 성화론적이며 교회론적 관점을 장착한 다차원적 렌즈를 통해 고찰하는 새로운 시각을 우리에게 제공한 셈입니다. 또한 이 책은 은사론이 지닌 이런 다양한 측면들에 대한 종합적 이해를 통해 우리의 성경 이해에 깊이를 더하는 유익을 제공해줍니다. 여기에서 엿볼 수 있는 저자의 신선하고 흥미로운 시각은 한국 교회가 지닌 고질적인 병폐 가운데 하나인 은사에 대한 지나친 열광과 소원함이라는 이원론적 문제를 해결하는데 도움을 주리라 확신합니다. 이 학문적 시도는 은사론에 대한 올바른 학문적 정립을 위한 토대를 제공할 뿐 아니라 여러 편견이나 거리낌 때문에 지금껏 이 성경적 주제를 등한시해 왔던 목회자들과 신학도들, 그리고 성도들에게 분명한 이정표를 제공할 것으로 기대합니다.

이신열 교수 (고신대학교 신학과 교의학)

대학을 졸업하고도 십 년 동안 직업 군인의 삶을 살다가 뒤늦게 하나님의 부르심에 응답해 목회의 길에 접어들었습니다. 신학적 소견이 부족하였고 건강한 교회를 찾는 기준조차 없었던 시절, 사람들이 몰리는 교회에는 어떤 이유가 있을거라는 막연한 기대감 때문에 등록했지만 선택했던 교회들마다 어려움을 겪었습니다. 아내를 만났던 서울 용산의 S교회는 성추문 사태로 한국교회에 큰 오점을 남겼고, 결혼하고 정착했던 목동의 J교회는 담임목사의 공금횡령 혐의로 수천명이 넘는 교회가 공중분해 되었습니다. 마지막으로 등록했던 교회는 찬양과 예배가 뜨겁고 성령의 임재가 충만한 곳이라고만 생각했었는데, 시간이 흘러 신학적 소견을 갖춘 후 다시 살펴 보니 신사도 운동을 대표하는 교회였습니다.

무엇이 문제였을까요? 가장 큰 이유는 교회가 바른 신학 위에 세워지지 않았기 때문입니다. '신학'이라는 용어는 교회 안에서 긍정적이기보다 부정적인 방식으로 더 통용되어 왔습니다. 사변적 논쟁과 지적 추구에 갇힌 신학을 조롱하듯 '성경만 있으면 되지 신학이 무슨 필요가 있나?', '복음은 어린아이부터 배움이 부족한 노인에게조차 보편적인데 그 어려운 걸 우리가 굳이 배워야 할까?'라는 생각이 절대 진리인양 받아들여지기도 했습니다. 그 결과 베뢰아 사람들처럼 성경이 정말 맞는지를 상고하는 대신, '광부의 신앙', 즉 "교회가 믿는 바를 나도 그저 믿습니다"라고 동의만 하면 언제라도 구원을 얻을 수 있다는 로마가톨릭의 교리가 여전히 진리인양 신앙생활하고 있습니다. 그러나 바른 신학은 단지 성경에 기록된 것을 문자적으로 반복하는 것이 아니라 진리를 분별할 줄 아는 지각을 일깨워 줍니다. 이런 이유로 헤르만 바빙크는, 신학은 교회에 결코 적대적일 수 없으며 오히려 교회를 가장 거룩한 믿음으로 인도하여 그 위에 교회를 건설하게 하는 하나님의 방편이라고 말합니다.[1]

기복주의, 성장주의, 고지론 등 한국교회를 혼탁하게 하는 여러 종류의 불건전한 가치관들의 근저에 언제나 잘못된 은사 이해가 존재했습니다. 은사를 하나님 편에서 주권적으로 주시는 선물로 이해하기 보다 인간의 편에서 타내고 얻어내서 써야할 무엇으로 이해하는 순간 기독교는 기복주의 종교로 전락하게 됩니다. 이런 기복주의는 신학의 기류와 상관없이 대부분의 한국 교회에 깊이 침투해 있는데, 심지어 개혁주의 신학을 추구하는 곳에서조차 성경적 은사 이해가 부족하다는 것은 참으로 안타까운 일입니다. 개혁주의 신론, 개혁주의 인간론, 개혁주의 종말론과 같이 개혁주의를 대표하는 조직신학 분야가

많은데 유독 개혁주의 은사론에서는 합의를 볼 수 없는 희한한 현상이 한국교회에 나타납니다. 그것은 은사를 성경이 말하는 바른 신학 안에서 이해하는 것이 아니라 체험 신앙에 기초를 두어 해석하기 때문입니다. 하나님은 영이시기 때문에 영적인 하나님의 심연(深淵)을 인간의 지혜로 어찌 다 깨달을 수 있겠습니까? 그러나 그렇다 하더라도 신(神)지식은 암중모색을 통해 얻어지는 것이 아니라 하나님께서 자신을 드러내시는 계시의 범위 안에서만 깨달을 수 있습니다.

칼뱅은 성경이 없이는 인간이 하나님을 오해하는 오류에 빠지거나 오만함으로 왜곡되고 부패할 수밖에 없다고 말합니다.[2] 영적인 것은 신비한 방식으로 가닿을 수 있다고 주장하는 직통계시는 성경적이지 않을뿐더러 이교도들의 신앙과 다를 바가 전혀 없습니다. 만약 신자가 어떤 경험과 감정, 체험을 습득했다 할지라도 그것이 성경적이지 않다면, 그것을 곧이곧대로 받아들이는 것이 아니라 자신을 뒤돌아 보며 성경을 통해 검증받아야 합니다. 그러므로 체험 이전에 성경이 말하는 은사를 바로 이해하는 것이 무엇보다 중요합니다. 왜냐하면 칼뱅의 주장과 같이 우리는 성경이 아니고서는 하나님을 확실히 깨달을 수 있는 다른 수단을 받지 않았기 때문입니다. 이 책은 그런 측면에서 '오직 성경'이라는 종교개혁 정신에 부합하도록 체험이 아닌 성경이 말하는 은사를 조명하는 데 초점을 맞추었습니다.

뿐만 아니라 은사가 주어진 목적이 다른 것에 있지 않고 궁극적으로 신자들과 신자들의 모임인 교회의 성화를 위해 주어졌다는 것을 16세기 종교개혁자 칼뱅의 글을 통해 살펴보고자 합니다. 부족하지만 이 글이 개혁주의 은사론 정립을 위한 작은 토대가 되었으면 하는 바램입니다.

끝으로 저자의 논문이 한편의 단행본으로 한국 교회에 소개될 수 있도록 길을 열어준 도서출판 다함의 이웅석 대표님, 갈 길을 잃어버릴 때마다 참된 진리로 논문을 지도해 주셨던 이신열 교수님, 학업을 포기하지 않고 지금까지 이어올 수 있도록 한결같이 격려하며 도와주셨던 우병훈 교수님, 안정된 삶이 주는 잠시의 쾌락 대신 하나님의 부르심에 응답할 수 있도록 도와준 아내 박유경 사모와 새벽마다 기도로 아들의 목회를 돕는 이성순 권사님께 감사의 인사를 전합니다.

성경에 기반한 균형 있는 은사론

백 년이 조금 넘는 역사를 지닌 한국 교회가 전 세계적으로 유례없는 폭발적인 성장을 경험한 것은 하나님의 놀라운 은혜 때문입니다. 그러나 양적인 성장만큼 질적인 성장을 이루지 못했던 한국 교회는 시대의 요구에 부응하지 못하고 세상으로부터 손가락질을 당하기도 했습니다. 급격했던 교회의 성장세가 점차 둔화되는 이유를 전도와 선교에 소홀했거나 다음세대 교육의 부재로 인한 신앙 전수의 어려움에 둘 수도 있지만, 근본적으로는 머리되신 그리스도의 몸 된 교회를 구성하는 신자들의 신앙 생활이 변화해야 한다는 점이 더 시급함을 우리는 잘 알고 있습니다. 사경회가 사라지고 부흥회만 남은 한국교회, 본질을 잃어버리고 현상에만 집착한 한국 교회가 회복해야 할 것은 이제 더 이상의 수적인 부흥이 아닙니다. 1907년 큰 부흥을 경험했던 한국 교회가 집중했던 것처럼 교리 중심의 개혁파 부흥운동이 절실합니다.

지난날 한국 교회는 구원의 서정이라는 큰 틀 안에서 구원을 해석하지 않은 채, 칭의의 구원에서 만족함으로써 신자에게 마땅히 요구되는 성화의 과정을 소홀히 하였고, 이는 교회의 영적 질서와 건강을 해치는 가장 큰 위해요소가 되었습니다. 성화를 통해 영화로까지 이어져야 할 신자의 삶이 그릇되고 값싼 칭의교리에 매몰된 후부터 교회는 질적 성장보다 양적 성장이라는 틀 안에 갇히기 시작했고, 곪고 병들기 시작했습니다. 과거 부흥의 영광을 뒤로 하고 가파른 쇠락의 길을 걷는 한국 교회의 안타까운 모습의 중심에는 어긋난 은사론이 있습니다.

칼뱅(John Calvin)은 회개와 중생, 성화를 같은 개념으로 이해하는데[3], 이 핵심은 잃어버렸던 하나님의 형상을 그리스도의 은혜로 회복하는 것입니다.[4] 하나님은 인간이 당신의 형상을 좇아 지식과 의와 거룩을 지니도록 빚으셨습니다.[5] 그리고 당신의 백성들을 부르셔서 이 땅에서 다른 피조물을 다스리며 정복하도록 사명을 주실 때 이 모든 것이 가능하도록 창조 활동을 통해 선물(은사)을 주셨습니다. 비록 하나님께서 보시기에도 완벽하게 좋아 보였던 사람과 그들을 위해 준비해 놓으신 많은 선물들이 인간의 타락으로 말미암아 부패하고 타락하였으나, 그리스도의 몸 된 교회요 성전인 우리가 하나님께서 주신 은사들을 회복하여 거룩으로 나아가는 것은 신자가 이 땅을 살아가며 이루어야 할 마땅한 사명입니다. 칼뱅 은사론의 핵심, 개혁주의 은사론의 핵심은 성화라고 해도 부족함이 없습니다. 은사는 왜 주어졌을까요? 상당수의 한국 교회에서 은사는 신비주의 측면의 능력이나 영적인 수준을 드러내는 영력으로 왜곡되고 오해되었으나, 은사는 성화를 이루기 위한 하나님의 중요한 도구이며 개인과 교회, 사회의 성화를 촉진시키고 돕기 위한 하나님의 선물입니다. 저는 성화와 은사의 관계에 대한 칼뱅의 바른 이해를 통해 한국 교회에 그릇된 은사론과 부족한 성화론을 재정립하고, 칼뱅이 말하는 은사의 회복이 결국 신자의 성화에 어떤 기여를 하는지를 살펴보기 위해 이 책을 집필하였습니다.

이를 위해 은사가 신자의 성화에 어떤 영향을 미치는지를 살펴보고자 칼뱅의 1차 자료인 성경 주석들(사도행전, 로마서, 고린도전서, 에베소서)과 『기독교 강요』 그리고 칼뱅의 소품집 등을 활용하였고, 그 외에도 창조론 및 섭리론적 관점, 인간론적, 기독론적, 성령론적, 그리고 교회론적 관점에서 성화와 은사의 관계를 더 심도 있게 연구하기 위해 여러 2차 자료들도 활발하게 활용하여 칼뱅의 주장을 면밀히 연구하였습니다. 지금까지 칼뱅의 성화에 대한 연구는 활발히 진행되었으나, 칼뱅의 은사론 연구는 전무하다시피 합니다. 성화와 은사의 상관관계에 대한 연구는 더욱 그러합니다.

오순절 은사주의에 기인한 은사 이해는 개별 신자의 삶에는 여러 영향을 미쳤지만, 교회론적 관점에서는 집중적으로 조명되지 못하였기에 성경에 기반을 둔 균형적인 은사론이라고 볼 수는 없습니다.[6] 이런 왜곡된 은사론이 한국 교회에 뿌리를 내리게 된 가장 큰 이유 중 하나는 은사를 단지 성령론적인 차원에서만 접근했기 때문입니다. 성령 하나님을 단지 은사를 주시는 기운이나 능력 정도로 치부한 그릇된 은사론은 바른 구원론을 통해 올바로 교정되어야 합니다. 칼뱅은 우리 구원을 위해 성령께서 하시는 가장 큰 사역은 우리 안에 믿음을 일으키시는 것이라고 말합니다.[7] 성령께서 역사하시지 않으면 그 누구도 그리스도께로 나아올 수 없습니다. 그리스도께서 십자가에서 이루신 완전하신 의가 우리에게 전가됨으로 인해 그 구속이 각 신자들에게 적용되는 것이 성령 하나님의 위대하신 사역입니다. 이런 측면에서 은사는 단지 성령론적 기초뿐 아니라 큰 틀에서 창조론과 인간론, 기독론과 교회론적 측면에서 함께 고찰되어야 합니다. 본서를 통해 오순절주의와 은사주의에서 주장하는 은사에 대한 그릇되고 편협한 관점을 극복하고, 은사가 신자의 성화를 이루는 귀한 도구임을 바르게 깨달아 그리스도의 몸 된 교회와 그 지체인 신자의 거룩과 유익을 이루기를 간절히 소망합니다.

제 1 장

칼뱅의 은사 이해

제 1 장

칼뱅의 은사 이해

1. 은사에 대한 개괄적 이해

은사란 무엇일까요? 대부분의 사람들은 은사를 광의의 은사와 협의의 은사로 구분하고, 광의의 은사를 하나님께서 주신 은사임에는 분명하지만 초자연적 능력이 나타나지 않는 은사들로, 협의의 은사는 "정말 중요한, 현상학적인 능력이 나타나는 진짜 은사"로 생각하는 경향이 있습니다.[1] 그러나 은사의 어원적 기원만 살펴보더라도 이런 관점은 얼마나 제한적이며 편협한 것인지 쉽게 깨달을 수 있습니다.

LXX는 히브리어 '헨(은혜, 호의)'을 '카리스'로 번역하는데, 이것은 '하난'에서 파생한 단어입니다. 이 단어는 구약 성경에서 하나님과의 관계를 설명할 때 사용되는데, 하나님을 주어로 하여 사용되는 구절이 총 56회 중 41회에 해당합니다. 예를 들어, 아론의 축복으로 알려진 민수기 6장 25절 "여호와는 그의 얼굴을 네게 비추사 은혜 베푸시기를 원하며"는 아론이 하나님께서 언약으로 맹세하신 것을 기초로 하나님의 은혜로우신 뜻을 호소하는 구절입니다. 은혜로 표현된 은사는 하나님 편에서 자유롭게 주시는 선물입니다.[2] 은사에 해당하는 헬라어 '카리스마'는 동사 '카리조마이'에서 파생된 명사이며, '카리스'의 결과인 호의의 증거, 은혜, 은사, 선물을 가리킵니다.[3] 동사 '카리조마이'는 '거저 주다, 값없이 주다, 은혜를 베풀다'라는 의미를 지니고 있습니다.[4] 즉 은사는 값없이 은혜로 베풀어진 선물을 의미합니다. 또한 초기 기독교 담화에서 '카리스'를 번역한 단어로 그리스도 안에서 주어진 신적 선물에 대한 라틴어 용어 'gratia'가 사용되었는데, 이는 보통 편애를 의미하는 '호의'를 가리키는 단어였습니다.[5] 이런 이유로 신적 선물은 분명히 하나님의 호의이지만 받는 편에서는 하나님을 자의적이거나 불공평한 분으로 느낄 수도 있게 됩니다.[6]

그렇다면 현대 신학자들은 은사의 개념을 어떻게 정의할까요? 오순절주의 입장을 지지하는 아놀드 비틀링거(Arnold Bittlinger)는 고린도전서 12장 4-6절을 주석하면서 은사를 성령의 선물이라는 관점에서 설명합니다. 그는 성령의 선물을 은사(카리스마타), 직임(디아코니아이), 역사(에니르게마타)의 세 가지로 묘사하는데, 근본적으로 은사를 하나님의 은혜에서 비롯된 선물이라고 이해하지만 동시에 인간의 측면에서 사모함으로 체험하는 것이라고 주장합니다.[7] 특별히 은사를 성령의 은사로 제한하여 하나님의 능력을 피조 세계에 나타내는 것으로 이해함으로써, 인간은 "은사를 행함"으로 하나님께 영광을 돌릴 수 있다고 주장합니다.[8]

쾨닉(John Koenig)은 은사를 일반 은사와 특별 은사로 구분하여 설명합니다. 그는 은사의 개념을 신약성경이 아닌 구약성경을 통해 살펴보아야 한다고 주장하는데, 이는 신약에 언급된 중요한 단어들은 다 이스라엘 역사에 기인하고 있으며 비록 신약 시대가 그리스어를 사용하는 문화로 둘러싸여 있지만 그들의 심오한 유산들은 구약 성경 안에서 발견되기 때문이라고 설명합니다.[9] 일반 은사란 성령의 사역을 통해 모든 인류에게 주어지는 지속되는 창조 활동의 결과물을 말하며 우주의 유지를 위한 하나님의 지속적인 활동에서 주어지는데, 시편 104편은 이것을 하나님의 영적 활동으로 나타냅니다.[10] 반면 특별 은사란 이스라엘이 하나님께로부터 받은 특별하고 부가적인 은사로써, 이것은 이스라엘 백성들이 하나님의 자녀임을 깨닫게 해주는 정체성을 부여해 주었습니다.[11] 가장 중요한 특별 은사야말로 하나님께서 아브라함과 약속하신 언약이며, 이 은사는 이스라엘 역사를 통해 갱신되고 지속되었습니다. 또한 이 특별 은사는 모세, 여호수아, 기드온, 삼손, 사울, 다윗과 같이 하나님께서 그의 특별한 임무를 감당할 수 있도록 사람들에게 주어진 은사이기도 합니다.[12]

스토트(John Stott)는 은사를 보편적으로 모든 사람에게 주시는 재능으로서의 은사와 새 창조를 통해 태어난 하나님의 구속된 백성들에게만 주어지는 영적인 은사로 구분합니다.[13] 영적인 은사란 하나님의 은혜를 통해 부여되어 합당한 봉사를 할 수 있는 자격과 능력이 주어지는 것으로, 자연적인 재능들과도 관련이 있으며 꼭 기적적인 은사만을 말하는 것은 아닙니다.[14]

개핀(Richard Gaffin)은 '선물'을 가리키는 단어 '카리스마'의 용례를 신약성경에서 두루 살펴보는데, 이 단어는 바울만이 사용한 독특한 단어로 의미상 '은혜(카리스)'와 중첩되어 있으며, 모든 은사는 은혜의 현현이고 은혜의 현현은 어느 것이나 은사라고 주장합니다. 그러므로 하나님의 은혜로 태어난 교회 전체의 모든 활동 자체가 은사적이며,[15] 이런 의미에서 "은사적"이라는 말과 "크리스천"이란 말은 동의어라고도 할 수 있습니다.[16] 은사의 정의에 있어서 개핀의 독특함 점은 그가 성령의 선물과 성령의 은사를 구분하여 설명한다는 사실입니다. 단수로 표현된 성령의 선물은 성령께서 교회의 모든 구성원에게 보편적으로 주시는 성령의 사역으로 그리스도 안에서의 구원 경험에 필수적인 선물로 주어지는 보증인(고전 1:22) 반면, 복수로 표현된 성령의 은사는 각각 다르게 주어지며 모두가 다 받는 은사가 아니라 예언과 방언처럼 잠정적이고 반(半)종말적인 은사들입니다.[17] 개핀은 비틀링거와는 달리 은사를 은사적 은사와 비은사적 은사로 구분하는 것을 철저하게 비판하고, 모든 은사가 하나님의 은혜의 현현이기 때문에 성령의 열매조차도 성령의 은사에 포함되는 것이 당연하다고 주장합니다.[18] 또한 은사 이해에 대한 개핀의 독특성은 은사를 성령의 것만이 아니라 삼위일체적으로 바라보았다는 점입니다.[19]

D.A. 카슨(Carson)은 신약성경에서 '카리스마'라는 단어의 용례(바울 서신 16회, 베드로 서신 1회)를 살펴봄으로 은사의 개념을 정립하였는데, 단편적으로 은사란 하나님에 의해 은혜의 선물로 주어진 것이라고 했습니다.[20] 그는 고린도전서 7장 7절의 결혼과 독신의 은사를 설명하면서, 은사는 각 사람 모두에게 주어진 것이며 한 사람이 결혼과 독신을 다 유지할 수 없듯이 동시에 모든 은사를 향유할 수 없다고 주장합니다.[21] 특별히 고린도전서 12-14장에서 바울은 "영적인 은사" 개념을 소개하는데, 이것은 아담의 타락으로 인해 인간들에게 찾아온 죽음을 극복할 수 있도록 주어진 생명이며, 예수 그리스도 안에서 죄의 권세를 무력화시키는 영원한 생명을 의미합니다.[22] 카슨이 해석한 신약성경의 은사 개념은 치유와 방언과 같은 초자연적 능력만을 의미하는 기술적인 용어가 아니라 구원이라는 선물을 위해 반복적으로 주어진 개념이며, 그런 측면에서 개핀이 말한 바와 같이 모든 크리스천은 은사적이라고 말할 수 있습니다.[23]

존 M. G. 바클레이(John M. G. Barclay)는 여섯 가지 측

면의 '극대화'라는 개념으로 은사를 소개하는데, 그것은 초충만성, 단일성, 우선성, 비상응성, 유효성, 비순환성입니다.[24] 은혜의 관점이나 해석이 달라지는 까닭은 이 여섯 가지 측면 중 서로 다른 측면이 극대화되기 때문인데, 실례로 펠라기우스는 하나님의 은혜의 초충만성을 극대화했지만, 아우구스티누스가 주장한 은혜의 비상응성에 대한 극대화를 받아들 수 없었기 때문에 이단으로 정죄 받은 것입니다.[25]

칼뱅은 은사를 어떻게 이해하고 있을까요? 은사가 하나님 편에서 값없이 베풀어진 선물이라는 것은 그것을 받을 자에게 어떤 자격도 요구되지 않음을 의미합니다. 은사가 하나님 편에서 값없이 주어지는 선물인지, 아니면 인간의 편에서 사모함으로 적극적으로 하나님께 요청해서 취해야 하는 것인지에 대해서는 논쟁이 분분합니다. 사실 이러한 논쟁이 은사주의자들과 그 반대 진영에 있는 이들 간의 주요한 논쟁이기도 합니다. 오순절 계통 뿐 아니라 신약학자이자 『성령 해석학』을 저술한 크레이크 키너(Craig S. Keener), 은사를 주제로 박사학위를 취득한 웨인 그루뎀(Wayne Grudem)도 은사를 성령의 능력을 통해 인간의 편에서 사모함으로 받는 능력으로 이해합니다.[26] 그러나 인간이 사모함으로써 은사가 얻어진다 치더라도(가령, 방언 말하기를 원하나 특별히 예언하기를 힘쓰라(고전 14:5)는 권면과 같이 은사를 사모함으로 어떤 은사를 받았다고 해서), 과연 그것을 인간의 능력으로 얻은 것이라고 말할 수 있을까요? 설령 인간이 구하여 받았다 하더라도 그에게 그럴 자격이 있어서 주어진 것이라고 말할 수 있을까요? 그렇다면 우리가 요구하고 사모하는 모든 은사를 다 받아야 마땅하지만 논리적으로 실제는 그렇지 않습니다. 그런 의미에서 바클레이는 은사란 분명히 하나님의 선물이지만 받는 편에서는 하나님을 불공평한 분으로 느낄 수도 있다고 말합니다.[27] 은사와 관련하여 다른 모든 것을 제쳐두고 이 부분만 명확히 이해하더라도 건강한 은사론을 재정립할 수 있습니다.

한국 교회가 잘못된 은사주의로 휘둘릴 때마다 얼마나 많은 사람들이 하나님으로부터 은사를 얻어내려고 애를 쓰고, 수십 일씩 기도원에 들어가 금식하면서 하나님께 생떼를 썼던가요? 자칭 사도라 칭하거나 예언이나 통변의 은사를 받았다고 하는 자들은 하나님의 신령한 능력을 대언하는 대리자로 여기고, 방언도 못하는 자들은 초등학문을 따르는 자들로 여기지는 않았습니까? 칼뱅이 정의한 은사는 신앙에 비례해 주어지는 것이 결코 아니며, 하나님의 목적에 따라 받을 자격 없는 자에게 거저 주시는 은혜의 선물입니다.

뿐만 아니라 은사의 근원이 되시는 하나님께서 당신의 능력을 나누어 주시는 것은 택함 받은 그의 백성들에게만 국한된 것이 아닙니다. 성령의 특별한 사역인 중생을 통해 죄인들을 하나님께 돌이키는 특별 은혜는 신자들만이 누릴 수 있으며, 중생하기 전까지는 그 어떤 사람도 완전히 상실된 영적 분별력만을 가지고 있습니다.[28] 그러나 성령의 어떤 은사들은 영적으로 여전히 어두움 가운데 있는 사람들도 누릴 수 있습니다. 아우구스티누스는 이것을 초자연적 은사와 자연적 은사로 구분하여 설명하는데, 영원한 복락을 얻을 수 있는 영적인 능력으로서의 초자연적 은사는 사람들로부터 제거되었지만, 자연적인 은사들은 죄로 인해 부패하였을 뿐 완전히 제거되지는 않았습니다.[29] 이로 인해 사람들은 중생의 은혜를 누리지 못 하더라도 사회생활의 공정성과 질서 보장을 위해 법을 제정하고 정치활동을 할 수 있으며, 학술과 예술, 의학과 과학 활동의 발전을 통해 여러 유익을 누릴 수 있습니다.[30] 뿐만 아니라 심지어 방언으로 말하며 그것을 통역할 수 있더라도 여전히 성령의 특별한 사역인 중생의 은혜를 경험하지 못한 자로 남아있을 수도 있는데, 이것은 은사의 능력이 중생의 증거가 아님을 나타냅니다.[31] 이처럼 칼뱅은 성령의 선물인 은사의 개념을 단지 교회와 신자들에게만 적용되는 협의의 개념으로 이해하지 않고, 하나님의 선하심에서 비롯된 인간의 유익을 위한 선물로 광범위하게 이해합니다.[32]

〈요약〉

1. 헬라어 '카리스'가 의미하는 은사는 하나님 편에서 자유롭게 은혜로 베풀어진 (　)을 말합니다.

2. 개핀의 은사 정의에 따르면 '은사적'이란 말은 (　　)과 동의어이며, 모든 은사는 하나님의 은혜의 (　)입니다.

3. 아우구스티누스는 은사를 영원한 복락을 누릴 수 있는 (　　) 은사와, 비록 죄로 인해 타락한 사람들도 누릴 수 있는 (　　) 은사로 구분합니다.

	현대 신학자들의 은사 개념 정의
아놀드 비틀링거	하나님의 은혜의 선물 + 인간의 사모함, 은사적 은사 + 비은사적 은사
쾨닉	일반 은사(일반 창조활동) + 특별 은사(신자들)
스토트	보편 은사(모든 사람) + 영적 은사(신자들)
개핀	모든 은사는 하나님의 은혜의 현현, 성령 선물 + 성령 은사
D. A. 카슨	초자연적 능력만이 아니라 구원을 위해 반복적으로 주어진 선물
바클레이	여섯 가지 측면의 '극대화' 개념으로 소개
키너, 웨인그루뎀	인간의 편에서 사모함으로 받는 능력

〈나눔을 위한 질문〉

1. 이 글을 읽기 전까지 당신은 "은사"를 무엇이라고 생각했나요?

2. 태양이 온 대지 위에 햇살을 고루 비추듯 하나님께서 우리 모두에게 은사를 주셨다면, 내가 받은 은사는 무엇이라고 생각하나요?

3. 신앙생활을 하면서 열심히 기도해서 방언이나 다른 은사들을 구해본 경험이 있나요? 은사는 과연 하나님의 주권적인 선물일까요? 그렇다면 인간이 사모함으로 얻을 수는 없는 것일까요?

4. 비틀링거의 주장과 같이 은사를 초자연적 능력(방언, 예언 등)을 받는 은사적 은사와 그 외의 자연적 능력으로서의 비은사적 은사로 구분 할 때의 문제점은 무엇일까요?

5. 방언이나 예언과 같은 은사는 초자연적 은사가 아니고, 믿음의 빛과 의를 뜻하는 중생의 체험이야말로 초자연적 은사라는 칼뱅의 주장에 동의하시나요? 그렇지 않다면 그 이유는 무엇인가요?

6. 방언을 말하면서도 구원받지 못한 사람이 있을 수 있을까요?

2. 신약 주석에 나타난 은사 이해

성경은 은사를 다양한 본문에서 다루고 있으나, 특별히 오순절 이후에 나타난 성령의 은사를 신약성경을 중심으로 살펴보고자 합니다. 이를 위해 사도행전 8장 14-17절을 중심으로 그동안 부족했던 성령의 은사들이 어떻게 쏟아 부어짐을 통해 교회 안에 분배되었는가를 살펴본 후에, 로마서 12장 6-8절에서 말하는 일곱 가지 은사와 고린도전서 12장 8-10절의 9가지 은사, 에베소서 4장 11-12절에서 말하는 다섯 가지 봉사의 직분을 중심으로 칼뱅이 설명하는 은사에 대해 알아보려 합니다. 각각의 본문은 문자적으로 서로 다른 은사를 말하고 있지만, 칼뱅은 은사를 직분과 긴밀하게 연관하여 이해하고 있으며, 이것은 또한 교회의 하나됨을 위해 주어진 것입니다.[33] 칼뱅 당시에도 잘못된 열광주의(그릇된 종교 신념으로 하나님을 맹신)에 빠졌던 일부 재세례파(유아들은 믿음을 가질수 없기 때문에 유아세례를 거부)들은 성령의 인도함을 받는다면, 정욕을 제어할 필요도 없고, 죄악된 삶을 걱정할 필요도 없다는 잘못된 성령론에 근거한 삶을 살고 있었습니다.[34] 칼뱅이 사도 바울의 은사를 어떻게 이해하였는지를 살펴보는 것은 잘못된 열광주의와 은사주의에서 벗어나 바른 지식으로 나아가는 길을 제공해 줄 것입니다.

(1) 로마서 12장 6-8절

> [6]우리에게 주신 은혜대로 받은 은사가 각각 다르니 혹 예언이면 믿음의 분수대로, [7]혹 섬기는 일이면 섬기는 일로, 혹 가르치는 자면 가르치는 일로, [8]혹 위로하는 자면 위로하는 일로, 구제하는 자는 성실함으로, 다스리는 자는 부지런함으로, 긍휼을 베푸는 자는 즐거움으로 할 것이니라
>
> (롬 12:6-8)

로마서 12장에서 사도 바울은 일곱 가지 은사를 언급하기 전에 먼저 하나님께서 각 사람에게 주신 은사가 서로 다름을 말합니다. 하나님께서는 그리스도를 머리로, 우리를 그 지체로 하여 한 몸으로 연합시켰는데 그것이 바로 교회입니다. 그리스도께서 친히 그들 모두를 묶어 연합시키는 끈이 되셨습니다.[35] 누구나 혼자서는 불완전하기에 다른 사람의 도움을 받을 수밖에 없는데, 은사는 그리스도께서 모두를 묶어 연합시키는 끈으로 사용하는 도구입니다. 그리스도께서는 자신이 은사의 근원이 되시어 그것을 필요한 자들에게 각각 분배하십니다. 또한 각자가 받은 다양한 은사들은 다른 사람의 유익을 위해 사용되어야 합니다. 은사는 개인이 아니라 공공의 유익을 위해서 주어진 것인데, 이런 측면에서 칼뱅이 이해한 은사의 목적에는 교회론적 차원이 두드러집니다.[36] 칼뱅은 이와 관련하여 다음과 같이 말합니다.

> 하나님께서는 우리에게 다양한 은사들을 주셔서 이 각각 다른 은사들을 따라 우리 가운데서 질서가 정해지게 하셨기 때문에 각 사람은 자신에게 주어진 능력의 분량을 따라 행하고 … 다른 사람들의 은사를 찬탈하려고 하지 않아야 한다. 또한 우리 각 사람이 자신에게 주어진 은사를 교회의 유익을 위하여 사용하는 것에 큰 열심을 내는 것이 얼마나 마땅한지도 아울러 보여준다.[37]

하나님께서 각 사람에게 서로 다른 은사를 주신 것은 교회의 덕을 세우기 위함인데, 여기서 중요한 두 가지 사실이 발견됩니다. 첫째, 은사를 통해 교회가 아름답고 균형 잡힌 질서를 유지할 수 있다는 것이고, 둘째는 한 사람에게 은사가 편중되지 못하게 함으로써 성도가 교만해지는 것을 막을 수 있다는 것입니다.[38] 루터 역시 로마서가 언급하는 일곱 가지의 은사들이 주어진 목적을 이웃 사랑에 대한 계명의 관점에서 설명하면서, 교회가 집중해야 할 사역은 맘몬주의(물질과 돈을 최고의 가치로 여김)에 빠진 종교 행위가 아니라 사랑을 회복하는 것으로 이해하는데, 이는 칼뱅이 은사의 목적을 교회론적 차원에 두고 있는 것과 일맥상통합니다.[39] 그러나 이 둘의 차이가 있다면 칼뱅이 은사를 직분으로 본 반면, 루터는 이 본문을 단지 성직자의 특별한 임무로서의 기능으로 여겼다는 것입니다.[40]

루터는 사태 주석(sach exegese)이라 하여 성경을 주석함에 있어 본문 해석(golssa)을 제공한 후, 어휘나 교리, 특정 주제에 대한 부가 설명(scholia)을 취하는 방식으로 성경을 해석했습니다. 그의 주석 방식은 문장 단위가 아니라 논리나 주제에 따라 주해되기 때문에 교부들의 증언을 인용하거나 경험론적 호소를 곁들이기도 했는데, 이런 주석 방식은 종종 본문의 의도와는 직접적인 연관이 없는 장황한 설명으로 이어지기도 합니다.

하지만 칼뱅은 문맥과 문장 해석을 강화하는 방식으로 성경을 주석합니다. 이런 주해 방식은 로마서 12장에서도 뚜렷이 나타나는데, 그는 여기에 언급된 일곱 가지 은사들을 세 부분으로 나눠 설명합니다. 칼뱅은 바울의 분류 방식을 따라 예언, 섬기는 일, 가르치는 자를 묶어서 하나로 설명하고 있으며, 구제와 다스림, 긍휼을 베푸는 일을 엮어 설명하고, 그 중간에 위로하는 일을 따로 분리하여 독립적으로 주석합니다.

우선 예언의 은사를 좁은 의미에서의 예언과 넓은 의미에서 예언으로 구분하는데, 그 당시에도 어떤 사람들은 사도 바울이 말하는 예언을 복음이 처음으로 전파될 당시 하나님께서 교회에서 활발하게 일으키셨던 은사라고 주장하였습니다.[41] 즉 어떤 것을 예고하는 능력으로 여겼던 것입니다. 왜냐하면 고전 14:29-30에 예언하는 자들이 즉흥적인 예언을 받았고 그들이 회중과 함께 그 타당성을 판단하도록 요청받았기에 예언의 은사를 설교나 가르침 정도로 여겨서는 안 된다는 것입니다.[42] 하지만 칼뱅은 예언을 광의의 의미로서 다음과 같이 정의합니다.

> 그러나 나는 "예언"을 좀 더 넓은 의미로 해석해서, 어떤 사람으로 하여금 하나님의 뜻을 능숙하게 설명하는 해석자의 직분을 수행할 수 있도록 해주는 특별한 계시의 은사를 포괄적으로 가리키는 것이라고 보는 견해가 더 낫다고 생각한다.[43]

구약의 예언들은 이스라엘 백성들이 구원을 누리기 위해 필요했지만 신약의 예언은 신자를 그리스도께로 인도하는 데 그 목적이 있습니다.[44] 그런 의미에서 오늘날 교회 안에 주어진 예언은 성경을 올바로 해석해서 신자들이 이해할 수 있도록 하는 특별한 기능을 지니고 있습니다. 이 예언의 은사는 '믿음의 분수(analogia fidei)'대로 행해져야 합니다. 여기서 분수에 해당하는 헬라어 '아날로기아'는 수학과 논리에서 사용되는 단어로 정확한 비율을 의미하며, 곧 예언하는 것은 믿음에 정비례해야 함을 나타냅니다.[45] 교회에서 예언하는 자들은 정해진 한계를 벗어나서는 안되는데, 그것은 신앙의 기본 원리에 부합하는 믿음에 합당한 것들이어야 하며, 그렇지 않은 것들은 모두 거짓된 예언으로 정죄됩니다.[46] 하나님의 모든 말씀은 이미 그리스도와 복음 안에서 결론이 나 있기 때문에, 칼뱅은 예언의 은사를 성경을 설명하는 주석자와 해석자의 직분으로 여겼습니다. 또한 그런 측면에서 예언의 은사는 교회가 창설된 초기에만 주어진 은사라기 보다는 영속적으로 남아있는 일상적인 은사입니다.

두 번째 은사는 섬기는 일인데, 칼뱅은 이를 목회의 은사로 바꾸어 설명합니다. 섬기는 일에 해당하는 헬라어 단어는 집사의 직분을 뜻하는 '디아코노스'와 같은 의미인데도 왜 굳이 이 은사를 목사의 직분과 연결시킬까요? 칼뱅은 그 이유를 명확히 설명하지 않지만 그가 예언과 섬기는 은사, 가르치는 은사를 하나로 묶어 주해하는 것과 긴밀한 연관이 있다고 볼 수 있습니다. 이 세 가지 은사가 수렴되는 직분이 바로 목사이기 때문입니다.

다음은 가르치는 일입니다. 신자는 가르치는 일을 통해 더 많이 배우게 되고 교회의 덕을 세울 수 있습니다. 예언의 은사와 가르치는 은사 모두가 교회의 덕을 세우기 위해 주어진 은사이지만, 예언에는 해석자의 직분이 있는 반면, 가르치는 은사에는 가르침을 통해 교회가 더 많은 진리를 배우는 데 그 목적이 있습니다. 이처럼 바울이 언급한 세 은사를 칼뱅은 말씀의 사역이라는 측면에서 서로 연계된 은사로 보았습니다. 뒤이어 위로의 은사가 나오는데, 칼뱅은 이것을 권면의 은사로 주해합니다.[47] 예언과 목회, 가르치는 은사에 뒤이어 권면의 은사가 나오는 것은 권면할 때에 반드시 가르치는 일이 동반되기 때문입니다. 이 은사들은 서로 연관 관계가 있으며 이 모든 일(예언, 목회, 가르침, 권면)은 큰 범주 안에서 목회에 포함됩니다.

이어서 칼뱅은 구제, 다스림 그리고 긍휼을 베푸는 것, 이 세 가지 은사들을 함께 묶어 설명하는데 그 내용은 은사가 아니라 직분이라는 것은 매우 흥미롭습니다. 이런 측면에서 칼뱅이 은사를 직분으로 이해한 것은 바울의 생각과 일치합니다. 먼저 구제하는 자와 긍휼을 베푸는 자를 비교하여 설명하는데, 이 두 은사는 남을 돕는 은사라는 측면에서 비슷합니다. 구제하는 자들에 해당하는 'μεταδιδοῦντοις(메타디둔토이스)'는 개인 재산을 가지고 구제하는 자들을 의미하는 것이 아니라 공교회 안에서 구제의 직분을 담당했던 자들을 말하는데 그들은 곧 집사들이었습니다. 그러나 'ἐλοῦντοις(엘룬토이스)'에 해당하는 긍휼을 베푸는 자들은 병자들을 돌보는 일을 담당하도록 세움을 입은 과부들이나 다른 일꾼들입니다. 이 두 직분의 차이는 집사직이 가난한 자들에게 필요를 공급하는 직분이었다면, 긍휼을 베푸는 자들은 연약한 자들의 상태를 살피고 돌보아 주는 것이었으며 이 직분은 각기 따로 존재했습니다.[48] 칼뱅은 로마서 주석에서 구제하는 것과 긍휼을 베푸는 은사를 각각 별개의 직분으로 이해하는 것 같아 보입니다. 그러나 이는 서로 다른 은사임에는 분명하지만 다른 직분이 아니라, 구별되는 두 가지 등급을 말하는 것입니다.[49]

이런 이유로 로마서 12장 8절을 주해하면서 본문의 순서대로가 아니라, 구제하는 것과 긍휼의 은사를 집사직으로 먼저 묶어 설명하고, 뒤이어 다스리는 은사에 대해 설명합니다. 다스리는 자들에 해당하는 'πρεσβύτερος(프레스브테로스)'는 교회를 다스리며 치리하는 장로들입니다. 바울 시대에는 믿음이 있는 경건한 고관들이 없었기 때문에 이 본문에서 의미하는 다스리는 자는 장로들임에 분명하지만 온갖 부류의 다스리는 자들까지도 포함할 수 있습니다.[50] 『기독교 강요』 초판에서 칼뱅은 다스리는 자를 세속 정부의 관점에서 논하는데, 왕들과 세속 권력조차도 하나님의 섭리와 거룩한 법 아래 있기에 하나님께서 주신 다스리는 은사를 발현하여 선행하는 자들은 격려하고 악을 행하는 자들을 징벌해야 합니다.[51] 당시 칼뱅은 다스리는 은사를 정치적인 관점에서 바라보았는데, 아직 교회론적으로 정립이 되지 않은 상태에서 오히려 크리스천 지도자가 어떻게 교회를 보호하고 다스려야 하는지에 대한 개념으로 이해되었습니다.[52]

〈요약〉

1. 칼뱅은 은사의 목적을 (　) 차원에 둡니다.

2. 하나님께서 사람들에게 각기 다른 은사를 주신 까닭은 (　)을 세우고 균형 잡힌 (　)를 유지하기 위함입니다.

3. 한 사람에게 은사가 편중되지 않는 까닭은 성도를 (　)하지 못하게 하기 위함입니다.

4. 칼뱅은 로마서 12장에서 은사를 (　)으로 여깁니다.

5. 로마서 12장의 일곱 은사
   (1) 예언의 은사란 하나님의 뜻을 능숙하게 설명하는 (　)의 직분입니다.
   (2) 섬기는 일이란 (　)의 직분입니다.
   (3) 가르치는 일과 예언의 차이는 (　)의 유무에 달려있습니다.
   (4) 위로의 은사는 (　)의 은사입니다.
   (5) 구제의 은사는 (　) 안에서의 집사의 직분입니다.
   (6) 긍휼의 은사는 연약한 자를 (　) 집사의 직분입니다.
   (7) 다스리는 은사는 (　)의 직분이며, 넓은 의미에서 정치 지도자까지도 포함됩니다.
   (8) 롬 12장의 일곱 은사는 결국 (　), (　), (　) 직분을 설명한 것입니다.

〈나눔을 위한 질문〉

1. 나에게는 없지만 다른 사람들이 가지고 있는 은사 중에 부러워 했던 은사가 있다면 나눠봅시다. 그 이유는 무엇인가요?

2. 자칭 예언의 은사를 가진 사람들을 통해 계시(?)를 받아본 경험이 있나요? 칼뱅이 말하는 예언의 은사에 대한 정의에 비추어 보았을 때 예언을 어떻게 이해하는 것이 신자를 그리스도께로 인도하는 데에 더 적합하다고 생각하나요?

3. 자신이 받은 직분을 교회에서 불리는 호칭 정도가 아니라 하나님께서 주신 은사와 선물이라고 여기고 있나요? 목사와 집사, 장로의 직분이 각 사람들에게 은사로 주어졌다면, 당신에게 주어진 은사를 어떻게 그 목적에 맞게 발현시킬 수 있을지 나눠봅시다.

4. 집사의 직분에 두 가지 구분된 은사가 존재합니다. 교회의 식당, 청소 봉사가 전부가 아니라 집사직의 본질 회복을 위해 필요한 것은 무엇이라고 생각하나요?

(2) 고린도전서 12장 8-10절

> [8]어떤 사람에게는 성령으로 말미암아 지혜의 말씀을, 어떤 사람에게는 같은 성령을 따라 지식의 말씀을, [9]다른 사람에게는 같은 성령으로 믿음을, 어떤 사람에게는 한 성령으로 병 고치는 은사를, [10]어떤 사람에게는 능력 행함을, 어떤 사람에게는 예언함을, 어떤 사람에게는 영들 분별함을, 다른 사람에게는 각종 방언 말함을, 어떤 사람에게는 방언들 통역함을 주시나니
>
> (고전 12:8-10)

위 본문에서 은사의 목록을 나열하면서 첫 번째로 지혜의 말씀을 언급하는 것은 놀랄만한 일이 아닙니다. 앞서 칼뱅은 예언의 은사를 말씀 사역, 특별히 말씀을 해석하는 직분으로 여겨 다른 모든 은사들보다 먼저 소개했던 것처럼(롬 12:6), 고린도전서 역시 말씀의 사역과 관련된 은사들을 가장 먼저 나열하고 있습니다. 칼뱅에게 지식의 말씀과 지혜의 말씀의 은사는 서로 밀접하게 연관되어 있으나, 지식의 말씀은 거룩한 일들을 깨닫게 하는 깨달음이며, 지혜의 말씀은 그 깨달음을 자기 것으로 만드는 은사입니다.[53] 이런 측면에서 지식은 일반적인 사물을 판단하는 능력이라면, 지혜는 감추어진 비밀과 본질을 깨달을 수 있는 통찰력이라고도 말할 수 있습니다.[54] 칼뱅은 고린도전서 1장을 주해하면서 고린도 교회 성도들이 그럴듯한 말의 지혜에는 쉽게 넘어가지만 십자가의 도에는 이르지 못함을 안

타까워하며, 십자가가 전파되는 방법은 오직 하나님의 능력임을 강조하였습니다.[55] 오직 성령이 선물로 주시는 지혜의 말씀이 아니고서는 누구든지 구원을 얻을 수 없습니다. 지식과 지혜의 말씀, 이 둘은 모두 성령에서 나온 선물들이며, 지혜의 말씀이 십자가를 통해 복음 선포에서 나타난 하나님의 지혜를 가리킨다는 데에는 다른 많은 신약 성경의 주해자들 사이에서도 이견이 없습니다.[56] 칼뱅은 지혜의 말씀과 지식의 말씀 이 두 은사를 서로 연관성은 있지만 정도가 다른 은사로 이해하고 있습니다. 이 두 은사를 설명하면서 골로새서 2장 3절 "그리스도 안에 지혜와 지식의 모든 보화가 감추어져 있음"을 인용하는데, 지식과 지혜의 개념 사이에 큰 차이점이 없는 것으로 여기며 단지 이중의 강조로 여기는 것으로 보아 두 은사를 뚜렷이 구분하는 것이 그다지 중요한 일은 아닙니다.[57] 굳이 이 두 은사의 차이점을 찾는다면, 지혜의 은사는 진리를 선지자적으로 적용하는 것이라면, 지식의 은사는 가르침의 은사와 관련된 것으로 이해할 수 있습니다.[58]

세 번째로 언급되는 믿음의 은사는 예수 그리스도를 통해 모든 신자들이 누리게 되는 구속과 칭의, 성화와 관련된 믿음이 아니라, 그리스도의 이름으로 행해지는 기적을 신뢰하는 믿음을 말하며 크리소스톰은 이것을 '기적에 관계된 믿음'이라고 불렀습니다.[59] 이런 믿음을 산을 옮길 만한 믿음이라고도 합니다.[60] 믿음이 기적을 일으킬 수 있는 까닭은 기적을 행하는 능력이 승귀하신(높아지신) 그리스도께 있기 때문입니다.[61] 칼뱅은 기적이 은사를 행하는 자로부터가 아니라 그리스도로부터 옴을 강조하기 위해 배반자 유다를 예로 듭니다.[62] 예수를 팔아 넘긴 유다에게도 믿음의 은사가 있었다면, 구원받지 못했지만 여전히 은사를 받아 행하는 자들이 존재할 수 있습니다. 유다에게 믿음의 은사를 허락하신 이가 그리스도시라면 그분의 의중은 무엇이었을까요? 각 사람에게 성령께서 은사를 나타내시는 까닭은 공공의 유익 때문입니다(고전 12:7). 복음과 교회가 확장되야 할 시기에 그리스도께서는 은사를 택자들뿐 아니라 그 외의 사람들에게도 허락하시어 당신의 교회를 세우십니다. 그런 측면에서 믿음의 은사는 교회의 안전이 위협받고 불확실한 상황으로 어려움을 당할 때 신자들로 하여금 하나님의 주권적인 사랑을 받아들이고 그 믿음을 북돋으시는 하나님의 능력으로 해석될 수 있습니다.[63] 오늘날 그리스도로부터 수많은 은사를 누리는 자들 중 누군가도 유다와 같은 처지에 놓이지 않으리란 보장이 없습니다. 그저 주께서 허락하신 은사를 가지고 겸손하게 그리스도께만 영광을 올려드리는 것이야말로 은사자의 가장 큰 의무입니다. 칼뱅은 믿음의 은사를 통한 기적의 일으킴이 지금도 가능한지, 그리고 이러한 은사가 오늘날에도 지속적으로 유지되는 은사인지에 대해서는 구체적으로 밝히지 않습니다. 다만, 이 본문의 주석을 통해 확인해 보았을 때 이 믿음의 은사는 그리스도와 사도 시대에 한정지었다고 추론할 수 있습니다.

칼뱅은 병 고치는 은사에 대해 특별한 언급이 없을 정도로 간단하게만 이야기합니다. 그러나 야고보서 주석(5:14)을 보면 좀 더 명확히 알 수 있습니다. 칼뱅은 '당시에는'이라는 말로 주석을 시작하면서 신유(神癒)의 은사를 사도 바울 시대에만 존재한 한시적 은사로 간주합니다. 당시 교회의 사역자들은 이 상징이 남용되지 않도록 분별력을 받았기에 나을 가망이 확실히 있는 경우에만 기름을 바르며 기도해 줌으로써 이 은사를 제한적으로 시행했습니다.[64] 칼뱅은 바울이 박수 마술사를 눈멀게 한 일(행 13:11)과 베드로의 저주에 아나니아와 삽비라가 땅에 쓰러져 죽은 사건(행5:1-11)을 예로 들며, 능력 행함의 은사를 마귀와 위선자들을 대적하는 능력이라고 정의합니다.[65]

예언의 은사는 로마서에서 언급한 은사 목록과 겹칩니다. 칼뱅은 로마서에서는 예언의 은사를 하나님의 뜻을 설명하고 해석하는 직분으로 이해했었는데, 고린도전서에서는 다음과 같이 정의합니다.

> 나는 예언이란 낱말이 하나님의 은밀하신 뜻이 무엇인가를 계시하시는 유일하고 뚜렷한 은사로서, 말하자면 선지자들이 사

람들에게 하나님의 메시지를 전하는 사람들이라는 것을 나타내는 것이라고 생각한다.[66]

예언의 은사에 대한 칼뱅의 이해는 구약 시대와 신약 시대를 각각 살펴보아야 합니다. 구약 시대 하나님께서는 과거와 현재, 미래에 대한 하나님의 뜻을 전달하기 위해 선지자를 통해 예언하셨으며, 그들이 하나님의 기록된 율법이 가리키는 내용을 요약하여 전달하였기에 예언은 율법과 내용적으로 거의 동일했습니다.[67] 칼뱅에게 신약의 예언에 대한 관점은 구약의 관점과 다를 바가 없습니다. 단지 차이가 있다면 구약의 예언은 도래할 메시야에 대한 미래적 관점이 뚜렷한 반면, 신약의 예언에는 미래적 의미가 제거된 채 과거와 현재를 위한 말씀으로써의 기능만 있다는 점입니다.[68] 신약에서 미래적 요소가 불필요한 까닭은 그리스도께서 이미 이 땅에 오셨으며, 구약의 예언도 미래적 요소보다는 율법의 교육에 더 큰 목적이 있었고, 복음과 성경의 가르침을 이제는 충분히 전할 수 있기 때문입니다.[69]

사도 베드로는 오순절 사건을 요엘 2장 28-32절을 인용하여 설명하는데 성령의 출현을 통해 요엘의 선포가 성취되는 중요한 특징이 바로 예언입니다(행 2:17-18). 옛 언약 아래에서 하나님의 지식이 전달되는 방식인 예언, 꿈, 환상은 이제 그리스도 안에서 성령의 부어지심을 통해 남종과 여종을 포함한 모든 이에게까지 확장되었으며, 그런 의미에서 예언이란 오직 하나님의 영만이 주실 수 있는 주님을 아는 지식을 체험하는 것입니다.[70] 옛 언약 아래에서 하나님을 아는 지식이 선지자를 비롯한 소수에게만 허락되었다면 새 언약 아래에서는 이미 도래한 그리스도를 아는 지식을 깨닫는 예언이 모두에게 열려 있습니다. 예언이란, 신(神)지식을 깨달아 신앙을 갖게 되는 것을 의미하지, 소수의 사람들에게만 주어지는 미래를 예측하는 은사가 아닙니다.

영들을 분별하는 은사는 하나님께서 소수의 사람들에게 주시어 선과 위선을 분별하게 하며 참 사역자들과 거짓 사역자들을 분별하도록 하는 특별한 통찰력을 의미합니다. 영이라는 단어는 환유적으로 사용되었는데, 선지자의 사역을 감당하기 위해서 은사를 받은 자가 성령의 말씀을 선포할 수 있기에 그들을 영이라고 부를 수 있습니다.[71] 그런데 이때 사단이 끼어들어 거짓 교사들을 하나님의 말씀 속에 섞어 놓고 그들에게 선지자들과 같은 이름을 주었기 때문에 신자들은 영을 다 믿지 말고 오직 영들이 하나님께 속하였는지를 시험하고 분별해야 하며, 이 일을 위해 분별의 영을 받고 그 영의 지도를 받아야 합니다.[72] 그렇다면 이러한 영 분별은 어떻게 가능할까요? 인간의 마음은 필연적으로 어둠 가운데 거할 수밖에 없지만, 성령의 조명하심을 따라가면 영적으로 분별할 수 있습니다.[73] 결국 신자는 이성의 빛을 의지할수록 자신의 한계를 경험할 수밖에 없기에 이 은사를 통해 자신의 한계를 인정하고 온전한 지혜의 근원되신 그리스도와 그의 말씀으로 인도함을 받게 됩니다.[74] 영들 분별의 은사는 예언의 은사에 뒤이어 소개되는데, 이는 공동체나 개인에게 예언(설교)이 주어질 때 그것이 성령의 인도를 받은 예언이 맞는지를 분별하는 은사로 이해될 수도 있습니다.[75] 또한 예언과 같은 해석의 은사가 설교 직분과 가르침의 직분에 속한다면, 영들 분별의 은사는 모든 가르침들을 성경에 의해 점검하고 그것의 옳고 그름을 판단할 수 있는 교회 공동체의 직분입니다.[76] 특별히 영들을 분별하라는 사도 요한의 권면은 광신적인 사람들에 대해 교인들이 함께 모여 공동적인 인준을 통해 잘못된 교리를 거부하라는 것입니다.[77] 이런 분별은 한 개인의 설교나 가르침에만 국한되지 않고 공의회나 총회의 결정사항도 포함됩니다.[78]

방언이 무엇인가에 대한 견해는 아주 다양합니다.[79] 칼뱅은 방언의 은사는 언어에 대한 지식이 없는 사람들이 성령께서 주시는 능력을 따라 다른 언어로 말하는 능력이며, 방언 통역의 은사는 그것을 통역해 주는 은사라고 말합니다. 사도 바울도 자기 자신은 방언을 사용할 줄 알지만 그것은 스스로 언어에 대한 지식을 익혀서가 아니라 성령의 은사로 받았다고 고백합니다.[80] 또한 오순절에 모인 많은 타국인들은 예수의 제자들이 자기 나라 방언으로 말하는 것을 듣고 놀랐는데, 이것은 한 가지 방언으로 말한 것을 여러 사람들이 자기 나라 언어로 이해한 것이 아니라, 여러 가지 외국 방언을 말한 것이 분명합니다.[81] 방언과 방언 통역의 은사는 오직 초대 교회 시대에만 주어졌는데, 그 까닭은 이 은사들을 통해 이방인들이 그들의 언어로 복음을 듣고 신뢰해야 했기 때문입니다.[82] 언어가 다른 청중들이 모인 오순절에 사도들이 한 가지 언어밖에 구사하지 못했다면, 복음은 여전히 유대의 한 모퉁이에 갇혀 있었을 것이 분명하기에 하나님께서는 사도들에게 제한적으로 복음의 특별한 전진을 위해 방언을 허락하셨습니다.[83] 그러나 칼뱅은 이 은사가 이제는 주어지지 않는 이유를 다음과 같이 설명합니다.

> 우리는 방언이 허용된 것은 복음이 서로 다른 나라 말로 외국인들에게 전파되어야 했던 필요를 채우기 위해서만 아니라, 복음 자체의 장식과 영예를 위한 것이었다는 점을 이 구절에서 알 수 있다. 그러나 후에 하늘의 지혜의 위대성을 증명하도록 받은 것을 야심에 이끌린 나머지 자기 과시와 허영에 그릇 사용한 사람들이 많아졌다. 일례로 바울은 이 문제로 고린도인들을 호되게 책망하고 있다. 그러므로 얼마 안 있어서 하나님께서 그가 과거에 허용하셨던 것을 빼앗아 가시며 더 이상 그것이 남용되지 못하게 하시는 것은 전혀 이상한 노릇이 아니다.[84]

바울이 고린도 교회 성도들의 방언을 호되게 꾸짖은 이유는 몇 가지가 있습니다. 그것이 공적 예배 가운에 시행중이었으며, 방언을 주신 목적 중 하나는 하나님을 찬양하는 것이고, 다른 하나는 복음이 서로 다른 말로 전파되기 위함인데, 통역이 없는 방언은 이 두 가지가 다 이루어질 수 없기 때문입니다(고전 14:26). 때문에 칼뱅은 통역없이 방언 말하는 것을 무용하거나 쓸데없는 일이라고까지 강력하게 말합니다.[85] 방언이 주어진 것은 교회의 덕을 세우기 위함인데 자기 덕을 세우는 것에만 치중하니, 교회의 창설 시기에 필요에 따라 잠시 베푸셨던 은사를 그 이후에는 거두신 것입니다.[86] 하나님께서는 불필요한 은사라면 허락하지 않으셨을 텐데 아마 그 당시에는 이 은사가 필요했을 것입니다. 그러나 고린도 교인들이 방언을 남에게 과시하는 용도로 사용하였기에 바울은 이를 바르게 선용하도록 권면했고 결국 시간이 지나면서 이 은사는 이런 위험 때문에 불필요하고 무가치한 은사가 되어 사라지게 되었습니다.[87] 방언은 사람에게 하는 것이 아니라 하나님께 하는 것이기에 예언과 달리 통역되지 않는다면 교회를 세울 수 없습니다(고전 14:2-5). 이처럼 방언과 그것을 통역하는 은사는 단지 복음이 다른 나라 말로 전파되는 목적뿐 아니라 하나님의 말씀이 적절히 선포될 수 있도록 도우며, 복음 자체의 장식과 영예를 위한 기능도 가지고 있습니다.[88]

방언과 관련해 끊이지 않는 논쟁 중 하나는, 사도행전의 방언과 고린도전서의 방언이 서로 다른 방언이라는 주장입니다. 이 주장에 따르면 사도행전의 방언은 언어가 맞지만, 고린도전서 12장에서 말하는 방언은 지상의 언어가 아닌 신비한 천국 언어입니다. 고로 지상 언어로서의 방언은 폐하여졌지만 천상 언어로서 방언은 지금도 존재합니다. 천상 언어로서 방언은 비록 기도하는 자가 그 의미를 깨닫지 못하여 나의 마음이 열매를 맺지 못하지만 나의 영은 기도하고 있으니, 더 깊은 기도를 위해 하나님께서 허락하신 은사가 방언의 은사라는 주장입니다.

여기에서 두 가지를 살펴보아야 하는데 첫째 '나의 영'이 기도하는 것의 의미입니다. 고린도 교인들은 방언으로 말하기만 한 것이[89] 아니라 기도도 하였으며, 비록 자신들은 그것을 이해하지 못해 마음은 열매를 맺지 못할지라도 자신의 영이 하나님께 기도하는 것으로 만족하였습니다(고전 14:14). 바울은 고전 12:12에서 영적인 것을 사모하라고 말하는데, 영적인 것은 당연히 은사를 말하며, 이에 착안하여 칼뱅은 '나의 영'이 무엇인지를 설명하면서 '영적 은사'를 '영적인 것'으로 환유하여 설명합니다.[90] 즉, '나의 영'이 기도한다는 것은 '나에게 주어진 은사를 가지고 기도하는 것'을 말하는 것이지 알아들을 수 없는 어떤 종류의 중얼거림으로 영적인 교감이 이뤄진다고 여기는 것이 아닙니다. 칼뱅은 '나의 영'에 해당하는 이 은사를 『기독교 강요』에서 '방언의 은사'라고 정확히 설명하는데, '나의 영'으로 기도할 때 마음의 일깨움을 받아 입의 말(언어)로써 방언기도를 하지 않으면 이것은 하나님을 불쾌하게 만드는 일이라고 말합니다.[91] 둘째, 방언은 시끄럽게 하기 위해서가 아니라 교통의 목적으로 주어진 것이며, 개인의 자랑을 위한 은사도 결코 아닙니다.[92] 은사는 반드시 교회의 덕을 세우는 목적으로 사용해야 합니다. 칼뱅은 방언이 사적 기도를 위해 불필요하다는 것을 명확하게 말합니다.[93] 드려진 방언일지라도 기도를 드린 이의 이해력이 따르지 않은 채로 하나님께 기도한다면 그것은 큰 잘못입니다.[94] 기도의 본질이 우리의 생각과 소원을 하나님께 아뢰는 것이라면, 입술로부터 나오는 것 역시 기도의 본질과 동일해야 하나, 이것을 혼동한 채로 자신도 모르는 말로 중얼거리며 기도하는 것을 적절하게 여긴다면 이는 마귀의 궤계에 넘어가는 것입니다.[95] 지금까지 살펴본 바에 따르면 칼뱅은 고린도전서의 방언도 명확하게 언어적 방언이라고 주장합니다.

그렇다면 은사주의자들이 주장하는 오늘날 방언현상을 어떻게 받아들여야 할까요? 그들은 방언을 모든 사람들이 개인의 경건을 위해 받을 수 있는 은사라고 여기지만, 실제로는 통역이 없거나 통변이라는 엉터리 이름으로 사용하고 있습니다. 언어가 아닌 신자의 자유로운 발성화가 정당하다면 이것이 공적인 예배에서 사용되지 않는다 치더라도 예배 원리와 공존할 수 있을까요?[96] 이성호는 성경적 근거가 희박하지만 종교적 현상으로 일어나는 오늘날의 사적 방언을 성경이 말하는 방언이 아니라 이언(異言)이라고 규정하는데 그것을 무의미하고 쓸모없는 것으로만 규정하지 않습니다.[97] 패커(J. I. Packer) 역시 오늘날 현상적 의미에서의 방언이 분명 성경적 방언과 다르다고 주장하지만, 현상적 방언을 구하고 사용하는 일을 통해 하나님과 더욱 친밀한 교제를 추구할 수 있으며, 신성한 실제에 대한 인식에 초점을 맞추고 그것을 강화시킬 수 있는 나름의 유익도 있다고 말합니다.[98] 그럼에도 불구하고 칼뱅은 이런 주장에 대해 분명히 반대합니다. 그는 제네바로 다시 귀환해 건전한 그리스도교 교리를 건설하기 위해 우선적으로 어린이들에게 복음의 핵심을 가르치고자 1545년에 제네바 교리문답을 작성했습니다. 기도에 관해 가르치면서, 이해할 수 없는 언어로 하나님께 기도하는 것은 그분을 조롱하는 것과 같으며, 또한 그와 같은 자는 스스로 위선자가 되는 것이라며 이와 같은 기도를 강력히 반대합니다.[99]

칼뱅은 고린도전서 14장 20절을 주해하면서 알아들을 수 없는 말로 방언을 말하는 것을 이사야 28장 9-11절을 인용하여 설명하는 것에 주목하는데, 이는 하나님께서 이스라엘을 심판하실 때 그들이 알아듣지 못하는 말을 통해 무지와 괴로움을 주심으로 그들을 저주하신 것이라고 말합니다.[100] 바울은 방언을 불신자들을 고발하는 하나님의 심판의 표적으로 보았는데, 방언을 알아듣지 못하는 것은 그들을 불신앙 속에 내버려 두신 것을 의미하며, 다시 말해 통역되지 않는 방언은 복음의 명백한 메시지를 무시하고 거절한 자들로부터 하나님께서 얼굴을 돌려 멀리 하신다는 것을 상기시켜줍니다.[101] 따라서 방언은 오히려 불신자들 앞에서 그들의 완악함을 드러내는 도구로 사용될 수 있지만, 기신자들이 있는 곳에서는 통역되지 않는 방언은 사용되어서는 안 됩니다. 여기서도 칼뱅이 말하는 알아들을 수 없는 방언이란 통역되지 않는 언어적 방언임을 기억해야 합니다.

방언 통역의 은사는 외국어를 습득하지 않았지만 그것을 통역하는 은사입니다. 통역이 없는 방언은 하나님께만 드리는 것이기에, 공공의 유익을 위해서는 무익한 은사입니다. 따라서 통역 없이 방언하는 자들은 교회에서 잠잠해야 합니다. 또한 통역의 은사는 방언을 하는 이 외의 다른 사람이라고만 한정지을 수 없으며, 방언을 하면서도 그 언어를 통역할 수 있습니다.[102] 통역 없는 방언 기도가 적절한 기도는 아니지만 이것을 개인적인 기도로까지 금하지 않는 까닭은 그것이 하나님께서 허락하신 선물이기에 그분께 감사를 올려드릴 수 있으며, 자신의 사유물로서도 향유하며 누릴 수 있기 때문입니다.[103]

칼뱅은 고린도전서 12장 주석에서 몇몇 은사들은 항구적인 은사라기보다는 교회의 창설시기에 한시적으로 주어진 은사로 설명합니다. 그러나 고린도전서 12장 6절 이하를 다루면서 이 은사들이 사람들로 하여금 처음 복음을 주시하기 위해 주어진 기적적인 은사가 아니라, 항구적인 보통의 은사들로 여기고 있다는 사실에 주목하고 있습니다.[104] 비록 고린도전서 12장에 언급된 은사의 목록 중에는 소멸된 것으로 말하는 은사들도 포함되어 있지만, 칼뱅이 특정한 성령 은사들을 특정한 역사 속에서만 존재하는 것으로 여기지 않았다는 크루쉐의 관점은 매우 흥미롭습니다.[105]

바울은 고린도전서 12장 8-10절에서 은사를 언급하면서 로마서 12장 6-8절과 에베소서 4장 11-12절에서 나타난 은사의 목록과는 다른 뚜렷한 특징을 설명하는데, 그것은 모든 은사의 근원이 성령이심을 5회에 걸쳐 강조한 것입니다.[106] 한 성령께서 각양각색의 은사를 성도들에게 부어주신 것처럼 신자들 역시 동일한 성령의 지도를 받아 하나로 뭉쳐 힘을 모을 때 비로소 교회를 세울 수 있으며, 이 공동의 이익을 위해 성령께서는 각 사람들에게 은사를 나눠주신 것입니다.[107]

〈요약〉

고린도전서 12장의 아홉 가지 은사들

1. 지혜의 말씀의 은사는 ( )에서 나타난 하나님의 지혜를 말하며, 이것이 없이는 누구든지 구원을 얻을 수 없습니다.

2. 지식의 말씀의 은사는 일반적인 사물을 판단하는 능력이라고 볼 수도 있으며, ( )의 은사와 관련된 것으로 이해할 수도 있습니다.

3. 믿음의 은사는 신자들이 보편적으로 누리는 구원과 관련된 믿음이 아니라 ( )을 행하는 능력을 말합니다.

4. 병 고치는 은사도 현재는 존재하는 않는 ( )인 은사입니다.

5. 능력 행함의 은사는 마귀와 위선자들을 대적하는 능력입니다.

6. 예언의 은사는 하나님의 은밀하신 뜻이 무엇인가를 계시하는 유일한 은사입니다. 오직 성경만이 완성된 계시라는 면에서 예언의 은사는 하나님의 뜻을 해석하는 직분입니다.

7. 영들 분별의 은사는 선과 위선, 참과 거짓 ( )를 분별하는 통찰력입니다.

8. 방언의 은사는 복음전파를 위해 주어진 ( ) 언어로 말하는 능력, 초대 교회에 한시적으로 주어진 은사입니다.

9. 방언 통역의 은사는 외국어로 주어진 방언을 통역하는 은사입니다.

〈나눔을 위한 질문〉

1. 방언의 은사가 한시적으로 주어진 은사라는 칼뱅의 의견에 동의하나요? 그렇지 않다면 그 이유는 무엇입니까?

2. 사도행전 방언과 고린도전서 방언이 서로 다른 방언이라고 생각한다면 그 이유는 무엇인가요?

3. 오늘날 자칭 방언이라고 말하며 현상학적으로 이해할 수 없는 비언어적인 것들을 사용한 기도를 어떻게 받아들여야 할까요?

4. 자칭 방언기도를 한다는 사람들이 공예배에서 알아들을 수 없는 언어로 기도하는 것은 성경적인가요?

5. 언어적 방언은 폐하였지만 천상의 언어로서 방언이 존재한다고 주장하는 사람들이, 교회 안에서 알아들을 수 없는 말로 기도생활을 이어갈 때, 그들을 어떤 식으로 대해야 할지 나눠봅시다.

(3) 에베소서 4장 11-12절

> [11]그가 어떤 사람은 사도로, 어떤 사람은 선지자로, 어떤 사람은 복음 전하는 자로, 어떤 사람은 목사와 교사로 삼으셨으니 [12]이는 성도를 온전하게 하여 봉사의 일을 하게 하며 그리스도의 몸을 세우려 하심이라
>
> (엡 4:11-12)

칼뱅은 종교개혁의 급격한 변화 속에서 진정한 하나님의 교회는 어떤 모습이어야 할지 『기독교 강요』 4권에서 기록하는데, 여기서 인용하는 첫 번째 구절이 바로 에베소서 4장 11절입니다. 하나님께서는 교회에 직분자를 세우셔서 복음의 역사를 흥왕케 하십니다.[108]

사도 바울이 은사를 설명하면서 은사 대신에 직분을 설명하는 것은 하나님께서 사람들에게 사명을 주실 때에는 그것을 감당할 수 있는 능력인 은사도 부여하신 것이며, 고로 직분을 떠난 은사, 은사를 떠난 직분은 존재할 수 없습니다.[109] 여기서는 다섯 가지 직분을 설명하는데, 직분을 다섯 가지로 나눈 이유는 효과적인 말씀의 사역을 위해서입니다. 사도의 가르침을 받아 말씀에서 자라간 초대 교회에 하나님께서 구원받는 사람을 날마다 더하게 하셨던 것처럼(행 2:42-47) 복음이 전파되며 교회가 성장하는 곳마다 말씀의 사역에 있었기 때문에, 주어진 은사에 따라 말씀의 사역을 감당하는 일은 무엇보다 중요한 일

입니다.

1) 사도, 복음 전하는 자, 선지자

사도는 그리스도께서 특별히 선택해 온 세상에 복음의 교리를 선포하며 교회를 세우는 자로, 그들에게는 자신만의 교회를 가지고 있는 목회자들과 달리 가는 곳마다 복음을 전파하는 사역이 주어졌습니다.[110] 바울은 자신의 사도직을 교회가 아닌 그리스도에게서 직접 받았다고 여겼기에(갈 1:11-23) 사도들은 그리스도를 직접 목격한 사람이어야 합니다. 또한 사도들의 사역이 특수하고 한시적이었던 까닭은 오직 그들만이 그리스도의 말씀을 직접 들을 수 있었고, 들은 말씀을 성령의 감동으로 기록하고 선포함으로 성경이 되었기 때문입니다. 그럼에도 불구하고 로마 가톨릭과 동방 정교회, 그리고 여러 오순절 교파들은 이런 사도의 직분을 교회의 사도성과 동일시하는 오류를 여전히 범하고 있습니다.[111] 사도의 직분은 사라졌지만 여전히 교회 내에 사도성은 유지되어야 합니다. 오류를 지닌 집단은 성령의 임재와 활동이 가시적으로 사도의 직분을 맡고 있는 자들에게 존재한다고 생각하지만, 진정한 사도성의 표지는 올바로 선포된 말씀과 바르게 시행된 성례에 놓여 있습니다.[112] 하나님께서 주신 직분들 중에 한시적인 것들은 교회의 기초를 세우고 난 후 얼마 후에는 더 이상 필요 없는 직분이며, 영구적인 것들은 지속되는 교회 정치를 위해 필요한 직분인데 사도의 직분은 한시적 직분에 속합니다.[113] 사도의 직분은 진리의 말씀으로 교회의 토대를 형성하며 성경을 기록하는 것으로 끝이 났기에, 오늘날 자칭 사도라 칭하는 자들의 주장은 거짓입니다.

칼뱅은 사도에 이어 선지자가 아닌 복음 전하는 자를 바로 주석하는데, 이는 복음 전하는 자의 직분이 사도의 직분과 유사성이 깊기 때문입니다. 복음 전하는 자는 지위에 있어서는 사도보다는 미약하지만 직무에 있어서는 동일하며, 사도들의 붓으로 기록된 복음의 말씀을 증거하는 자들로서, 사도 바울을 돕고 동역하는 누가, 디모데, 디도가 복음 전하는 자에 해당합니다.[114] 복음 전하는 자들은 사도들과 함께 동역은 했지만 바울은 사도라는 이름을 자기 자신에게만 적용되는 특별한 것으로 여겼습니다.[115] 우리는 흔히 은사에는 경중이 없다고 생각하지만, 흥미로운 점은 사도의 직분이 선지자의 직분보다 더 높은 지위라고 칼뱅이 직분에 등급을 구분하였다는 점입니다. 어떤 은사는 분명 다른 은사에 비해 더 큰 은사였기에, 이것들이 자기 만족을 위해 사용될 때 교회 안에 경쟁의식이나 부러움에 의한 혼란이 일어날 수도 있습니다.[116] 그러므로 은사를 받은 자들은 은사가 자기 자신이 아니라 연약한 자들을 섬기기 위해 주어진 것임을 깨달아 공공의 이익을 위해 더욱 힘써야 합니다.

선지자직은 미래에 어떤 일이 일어날 지를 예측하는 은사가 아닙니다. 칼뱅은 선지자직을 설명하면서 고린도전서 14장의 예언을 소개하는데, 선지자직과 예언의 은사는 매우 긴밀한 관련이 있습니다.[117] 선지자들은 성경의 탁월한 해설자이나, 예언의 은사와 선지자직의 차이점은 선지자 직분이 위로와 격려의 교훈에 전념하였으며 교만한 자들을 교훈하기 위해 특별한 지혜와 재능을 부여받아 하나님의 원하시는 소식을 전달하는 사자(使者)로서의 역할을 감당했다는 점입니다.[118] 하나님의 뜻을 해석하는 모든 자들이 선지자는 아닙니다. 선지자는 성경을 해석하는 것에 더해 그 교훈을 당시 교회 상황에 맞게 적절히 적용하였고, 예언과 경고, 그리고 하나님의 약속을 함께 교회에 전달했습니다.[119] 교회가 사도와 선지자들의 터 위에 세워졌다는 것은 하나님의 말씀을 찾는 권위가 선지자들과 사도들에게 있음을 말합니다.[120] 지금까지 언급한 세 직분(사도, 복음 전하는 자, 선지자)은 영구히 존재하는 직분이 아니라 한시적으로만 존재하는 직분입니다.[121] 그럼에도 불구하고 칼뱅은 이 세 직분을 시대의 요청에 따라 하나님께서 이따금씩 다시 일으키실 수 있다는 여지를 남겨둡니다.[122]

2) 목사와 교사

진리의 말씀으로 교회를 세우고 가르치는 것이 목사와 교사, 두 직분 모두에게 주어졌지만, 목사에게는 성경을 해석하며 바른 교리를 유지할 수 있는 능력과 양무리를 돌보는 일이 주어진 반면, 교사에게는 그렇지 않습니다.[123] 목사의 또 다른 이름은 말씀과 성례의 봉사자입니다. 목사는 성도를 목양하기 위해 말씀을 선포할 뿐 아니라 성례를 집행하고 권징에 참여하지만, 교사는 단지 말씀의 사역인 성경 해석과 온전한 교리 전파에만 관여합니다.[124] 또한 목사는 공적 강론을 통해 성도들을 가르치는 동시에 사적 훈계를 통해서도 성도를 권면하기를 쉬지 말아야 합니다(행 20:31).[125] 그런 측면에서 교사는 선지자 직분에, 목사는 사도직에 비등한 직분입니다.[126] 그러나 칼뱅은 고린도전서 12장 28절에서 교사의 직무를 제1급으로 사도의 직무를 오히려 제2급으로 두는데, 사도의 직분이 온 세상에 복음을 전파하는 위대한 사명이지만, 일정한 교회를 책임있게 감당하는 교사의 직분이야말로 개교회의 입장에서는 더욱 큰 직무이며, 이 교사의 직무는 에베소서 4장 11절이 말하는 교사가 아니라 목사를 지칭하는 것입니다.[127] 사도와 선지자 직분은 한시적 직분인데 반해 목사와 교사의 직분은 항존직으로 이 두 직분을 허락하신 데에는 특별한 목적이 있습니다.[128]

<요약>

에베소서의 다섯 가지 은사(직분)

1. 에베소서가 직분을 다섯 가지로 나눈 이유는 효과적인 (   )을 위해서입니다.

2. 사도직이 특별하고 한시적 직분인 까닭은 사도는 그리스도를 (   )해야 했고, 그리스도의 말씀을 직접 들어 성령의 감동으로 (   )을 기록했기 때문입니다.

3. 사도의 직분은 사라졌지만 (   )은 유지되어야 하며, 이는 올바른 (   )와 (   )의 시행에 달려있습니다.

4. 복음 전하는 자는 사도보다는 미약하나 사도를 도와 말씀을 증거하는 직분입니다.

5. 능력 행함의 은사는 마귀와 위선자들을 대적하는 능력입니다.

6. 예언의 은사는 하나님의 은밀하신 뜻이 무엇인가를 계시하는 유일한 은사입니다. 오직 성경만이 완성된 계시라는 면에서 예언의 은사는 하나님의 뜻을 해석하는 직분입니다.

7. 영들 분별의 은사는 선과 위선, 참과 거짓 (   )를 분별하는 통찰력입니다.

8. 방언의 은사는 복음전파를 위해 주어진 (   ) 언어로 말하는 능력, 초대 교회에 한시적으로 주어진 은사입니다.

9. 방언 통역의 은사는 외국어로 주어진 방언을 통역하는 은사입니다.

〈나눔을 위한 질문〉

1. 나에게는 없지만 다른 사람이 가지고 있는 은사를 더 큰 은사로 여겨 부러워한 적이 있나요? 그런 은사는 무엇이었습니까?

2. 사도 바울이 은사를 설명하면서 은사 대신에 직분을 설명하는 이유는 무엇입니까?

3. 오늘날 자칭 자신을 목사보다 더 큰 권위자로 여겨 사도라 칭하는 자들이 있습니다(신사도 운동). 그들이 스스로를 사도로 여기는 까닭은 무엇일까요? 그들의 주장이 비성경적인 이유는 무엇입니까?

4. 목사의 공적인 강론이나 사적인 훈계를 하나님의 말씀으로 받아들이지 못하고 거부감을 느낀 적이 있습니까? 그 이유는 무엇인가요?

(4) 사도행전 8:14-17

> [14]예루살렘에 있는 사도들이 사마리아도 하나님의 말씀을 받았다 함을 듣고 베드로와 요한을 보내매 [15]그들이 내려가서 그들을 위하여 성령 받기를 기도하니 [16]이는 아직 한 사람에게도 성령 내리신 일이 없고 오직 주 예수의 이름으로 세례만 받을 뿐이더라 [17]이에 두 사도가 그들에게 안수하매 성령을 받는지라
>
> (행 8:14-17)

이 본문은 은사와 직접적인 관련이 없어 보이지만, 성령세례의 성경적 이해를 위해서 꼭 필요합니다. 은사주의자들은 성령세례를 은사가 부어지기 위한 첫 번째 체험으로 이해하고 있기 때문입니다. 칼뱅은 이 본문을 주해하면서 하나님께서 사마리아 사람들에게 더욱 큰 은사를 주신 까닭은 큰 은혜로 성도들을 풍요롭게 하기 위함이라고 말합니다.[129] 하나님께서 언약 백성들에게 은혜를 부어주신 것은 시대를 구분하여 변함이 없습니다. 다만, 오순절 이후 가장 큰 차이점이 있다면 옛 언약에서는 성령의 은사들이 제한적이며, 소수의 몇몇 개인들에게만 주어졌습니다.[130] 그러나 이런 상황은 오순절 성령 강림 사건을 통해 완전히 뒤바뀝니다. 교회는 이전과는 다른 더 크고 풍부하며 광범위한 성령 은사들의 쏟아 부어짐을 경험하게 됩니다.[131] 오순절 강림 사건은 승귀하신 그리스도께서 자신의 통치 시작을 나타내신 능력의 표지입니다.[132]

은사의 충만함은 오직 교회의 처음 시대에만 주어진 제한된 성령의 선물 주심이었는데, 그렇다면 반대로 후대 교회는 그 풍요로움을 상실한 것으로 이해할 수도 있을까요? 그 이유를 세 가지 정도로 추론해 볼 수 있습니다. 첫째, 후대 교회가 성령의 풍요로운 은사를 누리지 못하는 것을 정당화하기 위해 은사가 교회의 시초기에만 풍요로웠다는 주장입니다. 그러나 칼뱅은 교회의 시초기 이후 은사들의 감소를 교회의 부족상태로 평가하지 않았다는 점에서 첫 번째 견해는 타당하지 않습니다.[133] 둘째, 몇몇 은사들은 사람들에 의해 오용되었기 때문에 그 풍요로움을 상실한 것입니다. 셋째, 그 결과 교회 안에 하나님의 심판의 결과로 은사들이 고갈되었습니다.

칼뱅은 방언과 이와 비슷한 초자연적 은사들은 교회에서 중지되었다고 말함으로 은사중지론의 입장에서 말하는 것처럼 보입니다.[134] 그러나 이와 동시에 칼뱅은 특정 은사가 중지되었다거나, 특정 시기에만 존재했다고 주장하는 데 머뭇거리거나 혼란스러워하는 것처럼 보입니다.[135] 예를 들어, 신유의 은사는 한시적 은사였고 사람들의 오용으로 인해 사라졌지만, 주님은 지금도 연약한 자들을 돌보시기에 여전히 은사가 유지되는 것처럼 보입니다.[136] 중요한 것은, 하나님께서 교회에 필요한 것이라면 언제든지 은사로 베풀어 주신다는 것입니다.[137] 심지어 앞서 살펴본 사도 직분에까지 가능성을 열어놓습니다. 이는 칼뱅이 하나님의 전능성을 결코 제한하거나 의심하지 않기 때문입니다.

다시 본문으로 돌아가면 칼뱅은 오순절주의자들의 주장과 같이 성령세례를 중생 이후의 특별한 경험으로 여기지 않습니다. 이를 위해 세례에서의 성령의 작용을 설명하는데, 세례가 죄 씻음의 효력을 발휘하려면 성령의 성화(聖化) 사역이 필수적입니다.[138] 세례란 공허한 의식이 아니라 성령의 역사에 의한 죄 씻음의 성례이기에(딛 3:5, 벧전 1:2) 본문이 말하고 있는 아직 성령을 받지 않은 사마리아 사람들도 그리스도로 옷 입은 것이 분명하며, 중생의 은혜를 입은 자들입니다. 빌립의 전도를 받은 사마리아 사람들이 그리스도를 믿게 되었다는 것에는 이견이 없는데, 그렇다면 그들이 아직 성령을 받지 못했다는 15절을 어떻게 해석해야 할까요? 이것은 칼뱅은 이 본문에서 성령세례를 중생의 개념으로 보고 있기 때문에 생기는 문제입니다.

사마리아에서 사람들이 하나님의 말씀을 들었다는 이야기를 듣고 베드로와 요한이 내려가 그들을 위해 성령 받기를 기도합니다. 15절에서 말하는 것처럼 세례 이후에 성령 받기를 위해 기도한다는 것은 양자의 영이 아니라 성령의 특출한 은사가 더해지는 것을 의미합니다.[139] 칼뱅은 16절을 주해하면서 두 사도를 통해 사마리아 사람들에게 임한 성령의 역사를 중생, 즉 성령의 일반적 은혜가 아니라 '비상한 은사'였다고 말하는데, 그 근거를 성령을 받지 못한 채 세례만 받았다는 고백에서 도출합니다.[140] 복음의 초창기 그리스도의 나라가 확장되기 위해서 한시적으로 주어진 은사가 있습니다.[141] 복음이 예루살렘에만 머물러서는 안 되며 사마리아를 거쳐 온 세상에 전파되는 시초기에 확장을 위해서 한시적으로 성령의 특별한 은사가 주어졌습니다. 이것은 세례를 통해서 주어지지 않았던 복음의 영광이 특정 시대에 특정 사람들에게 부어진 성령의 역사였으며 특이한 사건이었습니다.[142] 또한 성령의 은사가 제한적으로 부어진 것은 교황주의자들의 잘못된 성례전 주장을 반박하는 데에도 유용하게 사용되었습니다. 그들은 그리스도께서 제정하신 세례 외에 또 다른 종류의 성례가 더 필요하다고 말합니다. 로마 가톨릭은 세례를 받았지만 아직 견진성사를 받지 않은 자들을 절반의 크리스천(half-Christian)이라고 주장하였습니다.[143] 그러나 이러한 성령의 가시적인 은혜와 은사들은 단지 교회의 시작 단계에만 주어졌기 때문에 불필요한 안수가 있어야 세례의 효력이 발생된다는 로마 가톨릭의 주장은 공허한 표지에 불과합니다.[144]

〈요약〉

1. 하나님의 영이 충만하게 부어질 시기는 종말의 때가 아니라 오순절 성령 강림 사건을 통해 드러난 (   ) 시대입니다.

2. 성령세례란 죄 사함을 받고 그리스도로 옷 입는 (   )의 사건을 의미하지, 그 이후 특별한 능력을 부여받는 경험을 말하지 않습니다.

3. 몇몇 은사들이 특별한 목적을 위해 교회의 시초기에만 주어진 까닭은 그 은사들이 (   ) 되었기 때문이며, 그 결과 하나님의 (   )으로 고갈되었습니다.

4. 원론적으로 몇몇 은사들은 중지되었지만, 하나님께서는 그것이 교회에 필요한 은사라면 언제든지 베풀어 주실 수 있습니다.

<나눔을 위한 질문>

1. 당신은 지금까지 성령세례를 어떻게 이해하고 있었나요?

2. 사마리아 신자들이 세례는 받았지만 아직 성령을 받지 않았다는 본문의 내용을 가지고 오순절 계통에서는 중생의 세례와 성령세례를 구분하여 가르치며, 거듭남을 체험하고도 반드시 성령세례를 받아야 한다고 가르칩니다. 그리고 성령세례의 대표적인 표징을 방언에 두고 있는데, 이와 같은 가르침에 대해 당신은 어떻게 생각하나요? 그리고 이와 같은 성경 해석의 문제점은 무엇인가요?

(5) 정리하며

지금까지 로마서, 고린도전서, 에베소서, 사도행전에 나타난 은사들을 칼뱅의 성경주석을 중심으로 살펴보았습니다. 칼뱅의 은사 이해와 관련하여 우리는 몇 가지 특징을 살펴볼 수 있습니다. 첫째, 칼뱅의 은사 이해는 성령론적입니다. 사도 바울은 누구든지 성령의 선물주심이 아니고서는 그리스도를 주라 시인할 수 없다고 했습니다. 또한 고린도전서 주석도 은사를 주시는 이를 성령 하나님께 돌리고 있습니다. 은사는 개인의 능력에 의해 학습되고 취득되는 것이 아니라 오직 한 분 성령을 통하여 발원됩니다. 그렇게 부어진 은사들은 교회를 통일되게 하며 질서를 유지케 합니다.[145]

둘째, 칼뱅의 은사 이해는 직분론적입니다. 에베소서 주석이 은사를 직분으로 표현했을 뿐 아니라, 고린도전서 주석 역시 12장에서 먼저 성령의 은사를 언급하고, 뒤이어 직분을 말하는 것은 직분이 성령적인 동시에 은사적임을 나타냅니다.[146] 성령께서는 복음 전파를 위해 때마다 필요한 은사를 주시는 것이 아니라, 사역자를 세워 그들을 직분으로 부른 후 맡겨진 직무를 감당케 하십니다.[147] 교회 직분은 필수적으로 은사와 연관되기에 은사와 동일하게 여길 수 있습니다.[148] 그런 면에서 교회 공동체가 성령에 순종하고 성령의 행위를 인정한다는 것은 주어

진 직분자를 은사자로 인정하는 것입니다.[149]

셋째, 칼뱅의 은사 이해는 교회론적입니다. 교회의 유기체적 하나됨이라는 통일성을 위해 직분이 주어졌으며, 칼뱅은 그 직분을 은사로 보았습니다. 유기체는 죽어 있는 존재가 아니라 자기와 동일한 존재를 만들어 낼 수 있는 생명력을 가지고 있습니다. 은사는 개인의 유익이 아니라 교회의 하나됨과 형제들을 세우기 위해 주어졌기에 그 다양성 속에서도 통일성이 결코 희생될 수 없습니다.[150] 은사가 교회 안에 부어지는 것은 각 개인의 은사를 서로 나눈다는 원리 아래 주어진 것들이며, 그 나눔을 통해 교회가 세워집니다.[151] 교회는 세상의 어떤 기관과도 비교할 수 없기에 이 직무들을 잘 수행하기 위해 성령께서는 특별한 선물을 주시어 말씀과 봉사의 사역을 감당케 하십니다.[152]

칼뱅의 은사 이해와 관련하여 정리해 보면, 첫째, 칼뱅은 어떤 은사들은 한시적으로만 존재한다고 이해합니다. 칼뱅이 한시적 은사로 명확하게 밝힌 것들이 있는가 하면, 그렇지 않은 은사들도 있는데 본문 주석에 한정하여 구분할 때 아래와 같이 정리할 수 있습니다.[153]

	롬 12:6-8	고전 12:8-10	엡 4:11-12
한시적 은사		병 고치는 은사, 믿음, 능력 행함, 방언, 방언 통역	사도, 선지자, 복음전하는 자

지속적 은사	예언, 섬기는 일, 가르치는 자, 위로하는 자, 구제하는 자, 다스리는 자, 긍휼 베푸는 자	지혜의 말씀, 지식의 말씀, 예언, 영들 분별	목사, 교사

칼뱅은 은사를 초자연적(supernatural) 은사와 자연적(natural) 은사로도 구분하지만 여기서 말하는 초자연적 은사는 영원한 복락을 얻을 수 있는 영적인 능력으로서의 은사를 말하며, 이는 아담의 범죄 이후 사람들로부터 제거되었고, 일반은 총으로서 남아있는 자연적인 은사만 사람 안에 잔존해 있습니다.[154] 그런면에서 인간 안에 잔존해 있는 자연적(natural) 은사를 특수 은사나 일반 은사와 같은 개념으로 구분하는 것은 옳지 않습니다. 은사를 한시적 은사와 지속적 은사로 구분하는 까닭은 어떤 은사들은 특정 시대에만 특별한 목적을 위해 약속되었으며, 또한 한시적 직분, 지속적 직분과도 밀접한 연관이 있기 때문입니다.[155]

둘째, 한시적 은사들이 존재한다면, 은사중지론에 대한 칼뱅의 이해를 살펴보아야 합니다. 칼뱅이 한시적인 은사들을 인정했다면 일부 은사들은 중지되었다는 입장이 견지되어야 합니다. 그러나 이런 주장은 성경에 직접적으로 근거하지 않기에 여러 논란을 불러 일으킨 것도 사실입니다. 칼뱅 사후 칼빈주의 신학자들 중에는 신약 성경이 완성된 후에는 신약의 은사들도 종결되었다고 주장하지만 이것은 칼뱅의 주장이 아닙니다.[156] 칼뱅은 사도와 선지자, 복음 전하는 자의 직분이 영구히 존재하는 직분이 아니라고 말하면서도, 오늘날까지도 하나님은 여전히 그런 직분들과 은사들까지도 반역된 교회를 돌이키는 데 사용하신다고 말합니다.[157] 또한 믿음과 능력 행함의 은사들은 그 시대에만 약속된 것이라고 간주되지만, 그럼에도 불구하고 오늘날에도 여전히 그리스도의 신령한 능력이 역사할 수 있다고 믿고 있습니다.[158] 치유의 은사도 일시적인 은사였고 사람들의 감사치 않음 때문에 금세 소멸되었지만 주님은 어느 시대에나 자기 백성들의 연약함을 돌보십니다.[159] 그리스도께서 명확하게 몇몇 은사들이 일시적인지를 말씀하신 것이 아니기에 칼뱅 역시 이것을 확증하지는 않습니다. 그는 몇몇 은사들은 그 시대에만 약속된 한시적 은사로 간주하지만, 그리스도의 신령한 능력은 모든 시대를 통틀어 여전히 주어질 수 있음을 또한 인정합니다.

3. 『기독교 강요』에 나타난 은사 이해

앞서 우리는 칼뱅의 성경 주석을 통해 가시적 은사들을 살펴보았습니다. 그러나 『기독교 강요』에서는 좀 더 넓은 스펙트럼을 가지고 창조, 타락, 구속과 완성이라는 시각에서 은사가 어떻게 주어졌는지를 살펴보고자 합니다. 은사는 하나님 편에서 값없이 베풀어진 선물입니다. 하나님께서 이 세상을 창조하시고 당신의 선물(은사)을 주심으로 모든 백성(비신자들을 포함한)이 그 유익을 누리게 하셨습니다. 그런 측면에서 하나님의 은사를 창조론적 측면에서 먼저 살펴본 후, 그 선물을 잃어버린 인간의 모습 속에서도 여전히 하나님의 선물이 남아있다는 사실에 근거하여 인간론적 측면에서 은사를 고찰할 것입니다. 그리고 스스로는 잃어버린 선물을 회복할 수 없는 인간을 향해 선물 그 자체가 되신 그리스도를 중심으로 기독론적 측면에서 은사를 고찰한 후, 최종적으로 이 땅에 선물로 주신 그의 몸 된 교회를 향해 교회론적 측면에서 은사를 살펴보겠습니다.

(1) 창조와 은사

『기독교 강요』는 창조주 하나님을 아는 지식으로 시작합니다. 이는 이중적인 지식인데, 첫째는 우주를 지으시고 섭리로 다스리는 창조주로서의 지식이며, 두 번째는 그리스도를 통해 자신을 구속주로 보여주시는 지식입니다.[160] 『기독교 강요』가 구속보다 창조를 먼저 다루는 까닭은 우리의 존재 이유와 목적이 되시는 하나님의 창조 행위를 먼저 깨달아야 거기서 하나님께 영광을 돌려드릴 수 있기 때문입니다. 칼뱅은 이 세상 생명을 보편적 생명, 인간의 생명, 초자연적 생명 이 세 단계로 설명합니다.[161]

칼뱅이 말하는 생명의 세단계

가장 바깥쪽에 존재하는 원이 의식을 필요치 않는 동물적 삶을 나타내며, 그보다 조금 안쪽에 있는 원이 인류의 이성적 삶을 포용하는 원이고, 하나님께로부터 택함받아 영적인 삶을 누리는 자들이 제일 안쪽의 원을 차지합니다.[162] 하나님께서는 제일 바깥쪽의 영역을 그의 창조 활동을 통해, 두 번째 영역을 일반은총을 통해, 그리고 마지막 영역을 구속 활동을 통해 이루셨습니다. 이 세 영역 중에서 처음 두 영역은 창조론 측면에서, 마지막 구속 활동의 영역은 기독론적 측면에서 살펴볼 것입니다.

1) 창조

하나님의 창조행위는 그 자체만으로도 하나님의 선물입니다. 하나님께서 빛, 땅과 바다, 하늘의 궁창에 광명체를 만드신 후, 낮과 밤을 나누는 창조를 하신 것은 그의 피조물들을 향한 하나님의 선물 주심의 행위입니다.[163] 인간을 향한 하나님의 사랑은 다른 피조물들보다 각별한데, 엿새 동안 피조물들을 창조하시면서 그 창조의 순서에서 인류를 향하신 자신의 사랑을 드러내십니다.[164] 하나님께서는 먼저 사람을 창조하시고 결핍을 겪은 후에 필요에 따라 피조물들을 창조하신 것이 아니라 모든 좋은 것들을 우선적으로 마련하신 후에 아담을 창조하셨습니다. 하나님이 창조하신 해와 달, 별, 바다와 생물, 짐승과 가축, 채소와 열매는 모두 우리를 향해 하나님께서 거저 주신 선물입니다(창 1:29). 하나님께서 인간을 위해 이 세상을 만들어 선물

(은사)로 주셨고 인간은 이 세상에 주어진 모든 것을 누릴 수 있습니다.[165]

2) 섭리

하나님의 섭리는 피조물들을 향한 하나님의 특별한 선물이자 은사요, 은총입니다.[166] 하나님의 선물 주심은 창조뿐 아니라, 섭리를 통해 유지, 보존, 통치의 맥락으로 이어집니다. 지금까지도 계속 이어지는 우주를 보살피며 유지하는 하나님의 간섭을 인정하지 않는다면 그것은 하나님을 바로 아는 것이 아닙니다.[167] 우연에 근거하여 온 세계가 원자들의 충돌에 의해 유출된 것이 아니며, 기독교의 섭리 교리야말로 피조물에 대한 하나님의 보호하심의 활동입니다.[168] 만약 이신론자들의 주장과 같이 하나님께서 창조행위만 하시고 그 세계를 내버려 두셨다면 분명히 세상은 무로 전락해 버렸을 것입니다. 지금도 하나님의 보편적 섭리라는 선물주심이 있기에 이 세상이 보존되고 유지되는 것입니다.

그러나 하나님께서는 단지 보편적 섭리로 이 세상을 유지시킬 뿐 아니라, 특별 섭리라고 불리는 보살핌으로 그의 선택된 백성을 보호하시고 돌보십니다. 특별 섭리가 드러나는 방식은 이적과 기사입니다.[169] 하나님의 선하심이 특별한 목적을 가지고 초자연적 방식으로 드러나 선물로 주어진 것이 기적입니다. 칼뱅은 보편적 섭리를 광범위하게 인정했지만, 그의 백성을 위해서는 특별 섭리의 측면을 더 강조했는데, 이는 칼뱅이 하나님의 돌봄의 보편성보다는 개별성에 더 집중하고 있기 때문입니다.[170]

3) 일반은총

하나님의 창조행위는 일반은총을 통해 선물로 주어졌습니다. 일반은총은 중요한 주제인데도 종교개혁 이전까지는 주목받지 못했습니다. 비록 칼뱅은 일반은총이라는 용어를 사용하지 않았지만, 그 개념은 구체적으로 제시했습니다.[171] 칼뱅 신학의 중요한 특징은 특별은총과 함께 일반은총이 강조된 점입니다.[172] 창조주 하나님은 신자들만의 하나님이 아니라 비신자와 모든 피조 세계의 하나님이시며, 해를 선인과 악인에게까지 비추시는 분이지만, 인간의 타락은 피조 세계에까지 영향을 미쳐 모든 피조 세계가 탄식하고 고통을 겪게 되었습니다. 그러나 타락 이후에도 이 세상이 완전히 파멸되지 않은 것은 하나님의 은혜 때문입니다.[173] 일상에서 주어지는 땅의 소산물을 얻는 것과 같은 일반은총의 결과야말로 하나님의 선물입니다.[174] 인간에게 주신 문화명령으로 해석되는 창세기 1장 28절의 명령은 하나님께서 그의 자비하심으로 이 땅의 만물을 인간의 다스림 아래 두신 하나님의 선물입니다.[175] 하나님은 그의 탁월한 은사들을 우리들에게 주심으로 아버지이심을 나타내시며, 인간은 하나님께서 주신 지혜를 통해 하나님의 탁월함을 경험합니다.[176] 불경건한 자들이 하나님의 영과 무슨 상관이 있는가라고 질문할 수 있지만, 하나님의 영은 신자들을 거룩하게 세울 뿐만 아니라 동일한 능력으로 섭리를 따라 만물을 움직이십니다. 이런 면에서 불경건한 자의 학문적 업적과 활동까지도 하나님의 은혜의 영역입니다.[177] 또한 하나님은 모든 인간에게 종교의 씨앗을 심어 놓아 그 사람의 마음 속에 하나님의 존재를 받아들이게 하며 그 어떤 사람도 무지를 핑계 삼지 못하게 하십니다.[178] 이런 일반은총의 계시적 도구들인 양심, 종교의 씨앗, 하나님을 알만한 지식이 불씨가 되어 사람들 속에 존재함에도 불구하고 여전히 그들에게 성령의 기름이 부어지지 않는다면 그 불씨는 자연스레 꺼져가게 되고 결국 그리스도를 모실 수 없게 됩니다.[179]

〈요약〉

1. 창조주 하나님을 아는 지식이란 이중적 지식인데, 첫째는 창조와 섭리로 다스리시는 하나님에 대한 지식이며, 둘째는 (   )를 통해 자신을 구속주로 보여주시는 지식입니다.

2. 피조물 중에서도 인간을 제일 나중에 창조하신 까닭은 다른 모든 피조물을 인간에게 (   )로 주시기 위해서입니다.

3. 하나님은 섭리를 통해 이 세상을 유지, 보존, 통치하시는데, (   ) 섭리로는 이 세상을 유지시키며, (   ) 섭리로 당신의 백성을 돌보십니다.

4. 핵무기 경쟁, 식량란, 환경 오염, 지구 온난화 등으로 지구 종말을 예언하는 많은 경고들이 있었음에도 이 세상이 완전히 파괴되지 않은 것은 하나님께서 (   )로 자기 자신을 드러내시기 때문입니다.

5. 하나님은 비신자들에게조차도 (   )을 남겨 놓으셔서, 그로 하여금 하나님을 믿도록 이끄시는 동시에 누구도 무지를 핑계 삼지 못하게 하십니다.

<나눔을 위한 질문>

1. 당신은 하나님이 신자들만의 하나님이 아니라 비신자와 모든 피조세계의 하나님이심을 믿습니까? 그것이 의미하는 바는 무엇입니까?

2. 『기독교 강요』가 구속보다 창조를 먼저 다루는 까닭은 구속만큼이나 창조의 중요성을 강조하기 위함입니다. 한국 교회의 관심이 창조보다는 구속에 치우쳐 있기 때문에 발생하는 문제는 무엇일까요?

3. 생태와 환경, 우리 일상의 회복이 구속을 이뤄가는 삶일 수 있을까요?

4. 하나님의 특별 섭리를 경험한 적이 있습니까? 특별히 초자연적 방식(기적)으로 드러난 선물 주심을 경험한 적이 있다면 나눠봅시다.

5. 이신론자들은 하나님의 창조는 믿으나 하나님이 세상사에는 간섭하지 않는다고 주장합니다. 하나님의 섭리가 우리 삶에 작동되지 않는다면 창조가 과연 인간들을 향한 선물로 존재할 수 있을까요?

(2) 인간과 은사

우리에게 주어진 건전한 지혜는 하나님을 아는 지식과 우리 자신을 아는 지식에서 비롯되는데, 이 두 지식은 매우 밀접하게 연결되어 있습니다.[180] 인간은 먼저 창조주이신 하나님의 얼굴을 바라본 후에야 비로소 자기 자신에 대한 명확한 지식을 얻을 수 있습니다. 자신이 창조 행위로 말미암은 유한한 피조물임을 자각하고, 이 땅에서 누리는 것이 하나님의 선물(은사)임을 깨달을 때, 자기 자신에 대해 명확히 알 수 있습니다. 칼뱅은 사람의 영혼을 지성과 의지로 구분했습니다.[181] 인간론적 측면에서 은사를 이해함에 있어서 타락 전 하나님의 형상이 어떠했는지를 살펴본 후에, 타락 후에도 부패한 인간 본성 안에 여전히 남아있는 지성의 능력과 의지를 하나님의 형상의 측면에서 살펴보고자 합니다.

1) 타락 전 하나님의 형상

하나님께서 인간을 창조하면서 주신 가장 큰 선물은 당신의 형상을 새겨 넣으신 것입니다(창 1:27). 인간이 하나님의 형상으로 창조되었다는 것은 성경에 나타난 인간을 이해함에 있어서 가장 독특한 특징입니다.[182] 칼뱅은 하나님의 형상을 다음과 같이 정의하며 그것이 하나님의 선물임을 주장합니다.

> 그러나 동시에 나는 하나님의 형상이 사람의 본성을 모든 생물들보다 뛰어나게 만드는 그의 탁월함 전체에까지 확대된다는 원리를 그대로 고수한다. 그러므로, 아담이 올바른 이해를 충만히 소유했고, 그의 감성을 이성의 경계 내에 유지하였고, 그의 모든 감각들을 올바른 질서대로 통제하고 있었고, 자신의 탁월함을 진실로 창조주 하나님께서 베풀어 주신 은사에서 비롯되는 것으로 여기고 있을 당시에 아담에게 부여되어 있던 순전함을 하나님의 형상이라는 단어로 표현하고 있다.[183]

하나님의 형상이란 모든 피조물보다 사람을 뛰어나게 하는 탁월함이며, 그것이 오직 하나님으로부터 주어진 선물임을 인정하는 순전함인데, 하나님의 형상은 단지 영적인 것만이 아니라 사람의 겉모습을 통해서도 드러납니다.[184] 다른 짐승과 사람의 모습을 분리시켜서 하나님께 더 가까운 존재로 우리를 이끄시는 것입니다. 또한 하나님의 형상이란 참된 지식, 의로움, 거룩함이며[185], 하나님만 지니고 계신 모든 선의 풍성함이자 의의 순결함입니다.[186] 타락 전에 사람이 하나님의 형상을 지녔다는 것은 만물을 다스리는 자로 지명되어 이 임무를 수행하기에 부족함이 없는 존재임을 의미합니다.[187] 타락 전 아담이 소유했던 형상의 온전함은 하나님과 올바른 관계를 맺을 수 있는 속성입니다.[188] 그러나 죄로 말미암아 인간 안에 일그러진 하나님의 형상은 궁극적으로 하나님 알기를 싫어하고, 스스로 하나님을 찾을 수 있는 능력을 잃게 되었습니다.

2) 타락 후 하나님의 형상

타락의 영향은 피조 세계뿐 아니라 당연히 죄를 범한 인간의 존재 근원에까지 영향을 미쳐 사람 안에 있는 하나님의 형상은 이제 기형이 되었습니다.[189] 죄는 인간을 일정 부분만 오염시킨 것이 아니라 인간의 영혼을 철저하게 부패하게 하여 새로운 본성을 덧입지 않고서는 회복될 수 없으리만큼 처참한 결과를 초래했습니다.[190] 이는 분명히 하나님의 선물 주심을 잃어버리는 결과에 해당합니다. 만약 타락 이후 인간의 역사 속에 하나님의 섭리가 없었다면 인간은 혼돈과 무질서에 빠졌을 것이 분명합니다.[191]

인간은 스스로 하나님께 나아갈 수 있는 초자연적 은사는 잃어버렸지만, 하나님께서는 그의 형상의 잔존물로서 자연적 은사들을 허락하셨습니다. 그렇기 때문에 사람 안에 있는 고귀한 덕성조차도 이것이 자신의 것이 아니라 하나님의 은혜임을 고백해야 합니다.[192] 자연적 상태에 놓여있는 인간은 중생의 영의 작용을 받을 때에야 비로소 하나님의 뜻에 합당한 의지를 지니게 되고, 하나님의 일반적 은총도 온전히 누릴 수 있습니다.[193] 칼뱅은 타락의 현장 가운데서도 살아남은 가장 큰 유산 중에 하나로 인간 안에 남겨진 탁월한 이성과, 부패했지만 선을 찾아 나서고자 하는 의지를 지목합니다.[194]

① 자연적 은사들

칼뱅은 『기독교 강요』에서 인간 안에 남아있는 본성으로 주어지는 자연적 은사들이 하나님께서 주신 보편적 선물임을 밝힙니다.[195]

인간 안에 남아있는 자연적 은사들은 몇 가지가 있습니다. 첫째, 건전한 지성입니다.[196] 사람의 건전한 지성은 사회를 이루고 보존하려는 성향으로 나타나며, 시민적 질서를 유지하기 위해 법을 제정함으로 악을 억제합니다.[197] 오를레앙 대학에서 법학을 전공한 칼뱅은 누구보다 법의 통치를 통해 사회의 평화를 유지하는 것이 중요함을 인정했습니다. 이 일을 위해 국가는 세속 질서를 유지함으로 이 땅을 살아가는 동안 하늘 왕국의 축복을 보여주어야 할 의무를 가지고 있습니다.[198] 또한 정부 지도자들은 공공의 선을 실천하는 하나님의 대리자가 되어 이 땅을 통치하며 유지하는 역할을 합니다.[199] 모든 사람에게 정치에 대한 씨앗이 존재하기 때문에, 법의 제정이나 질서 유지에 대해 어떤 반감도 존재하지 않는데, 이는 이 땅의 것들을 이해할 수 있는 탁월한 지성 때문입니다.[200] 둘째, 또 다른 자연적 은사는 학예와 공예의 능력입니다.[201] 인류 공통의 유익을 위하여 하나님께서 베풀어주신 탁월한 재능은 성령의 선물로 간주되었는데, 대표적인 성경의 예가 바로 브살렐과 오홀리압의 총명입니다(출 31:2-11).[202] 하나님께서는 시내산에서 모세를 불러 성막의 형상을 가르쳐 주시고 그들에게 그의 영을 충만하게 부어주시어 지혜와 총명으로 이 모든 일을 감당케 하십니다. 셋째, 세속 저술가들과 철학자들의 학문, 의학과 수학 등이 자연적 은사에 해당합니다.[203]

칼뱅의 인간론은 인간의 본성적 상태를 부패와 비참함으로 파악하지만, 이 사실로 인해 인간 이성의 탁월함마저 부인한 것은 아닙니다. 이성의 탁월함이란 하나님께 이르게 하는 지식에까지 못 미치지만, 그렇다고 해서 전혀 무가치한 것은 아닙니다.[204] 칼뱅은 법학을 전공하고, 첫 작품으로 『세네카의 관용론 주석』을 출판하면서 인간 안에 탁월한 이성이 이 사회를 얼마나 풍성하게 해주는가를 역설하였습니다.

② 부패한 의지

부패한 의지를 논하기 위해서 먼저 타락 전에 인간에게 주어진 의지가 어떤 것이었는가를 살펴보아야 합니다. 칼뱅은 『기독교 강요』에서 자유의지에 대한 철학자들과 교부들의 여러 가르침을 소개합니다. 철학자들 중에는 의지가 감각과 이성의 중간에 위치하여 자유롭게 이성을 따르기도 하며 감각을 따를 수도 있다고 주장하는 이들이 있습니다.[205] 그러나 칼뱅은 이런 철학자들의 주장과 몇몇 교부들의 잘못된 주장을 조목조목 반대합니다.[206] 특별히 아우구스티누스의 견해를 인용하여 현재의 인간이 지니고 있는 의지는 자유의지가 아니라 노예의지라고 말하는데, 이는 타락 이전 인간은 자유의지를 받아 선을 행하거나 악을 행할 수도 있었으나, 죄가 인간 안에 들어온 이후 그의 의지는 악에게 완전히 정복당하여 스스로 선을 행할 능력이 전혀 없음을 의미합니다.[207] 칼뱅이 인간의 의지를 노예의지로 표현한 것은 인간을 로봇처럼 만들었다는 의미도, 인간에게 도덕적 선을 행할 능력이 전혀 없다는 의미도 아닙니다. 스스로 위로부터 주어지는 신앙을 찾아갈 능력이 무력화되었기 때문에 인간의 의지를 노예의지라고 설명한 것이지 도덕적 선을 행하는 능력은 양심을 통해서도 부분적이나마 존재합니다. 그는 타락 이후 인간 안에 남아있는 의지에 대해 중세 신학자 베르나르(Bernard of Clairvoux)의 견해에 동의하면서 아래와 같이 설명합니다.

> 베르나르는, 의지를 발휘하는 것이 우리 모두에게 있으나, 선을 향하여 의지를 발휘하는 것은 이익이고, 악을 향하여 의지를 발휘하는 것은 손해가 되며, 따라서 단순히 의지를 발휘하는 것은 사람에게 속한 것이요, 악을 향하여 의지를 발휘하는 것은 부패한 본성에서 비롯되는 것이며, 선을 향하여 의지를 발휘하는 것은 은혜에서 비롯되는 것이라고 가르치는데, 충분히 일리 있는 가르침이라 할 것이다.[208]

건전한 의지가 박탈되었기에 인간은 악을 향하여는 스스로 의지를 발동시키나 반대로 선에 대하여는 하나님의 은혜가 주어질 때만 의지가 작동합니다. 이처럼 인간이 악을 행하며 선을 행할 능력이 없다면, 세속의 삶 속에서 악행만이 가득해야 하지 않을까요? 그러나 하나님은 불신자들의 삶 속에도 하나님의 형상의 흔적과 잔여물로서의 이성과 의지를 남겨 두었으며, 이런 자연적 은사들은 타락으로 인해 전적으로 상실된 것이 아니라 부분적으로 약화되거나 부패하였습니다.[209] 불신자들이 행하는 선은 그것으로 하나님께 나아가지는 못하지만, 하나님은 그들에게도 양심을 허락하시어 율법을 통해 정의와 불의를 구별하도록 인도하십니다.[210]

〈요약〉

1. 인간이 스스로에 대한 바른 지식을 갖기 위해서는 두 가지 지식이 필요한데, 먼저 (   )에 대한 바른 지식이 있어야 (   )에 대한 명확한 지식을 얻을 수 있습니다.

2. 인간 안에 선물로 주어진 하나님의 형상은 우리 영혼 안에 자리잡고 있는데, 참된 지식과 의의 순결함, 거룩함, 선의 풍성함입니다.

3. 타락 전 아담이 소유했던 형상의 온전함은 하나님과 올바른 관계를 맺을 수 있는 속성입니다.

4. 타락한 인간 안에 남아있는 가장 자연적 은사는 건전한 (   )과 (   )의 능력입니다.

5. 타락 이후 인간이 가지고 있는 의지란 자유의지가 아니라 (   )이며, 이는 스스로는 결코 선을 행할 능력이 없기 때문입니다.

6. 불신자들이 행하는 선은 하나님께까지는 나가지 못하지만, 하나님은 그들에게도 (   )을 허락하시어 정의와 불의를 구별하게 하십니다.

<나눔을 위한 질문>

1. 최근 당신의 기도생활 중 많은 시간을 할애하는 기도제목은 무엇인가요? 구원열차의 티켓을 얻은 후 목적 없이 교회에 다니고 있지는 않습니까? 기복주의적 신앙에 근거해서 여전히 자녀교육이나 경제적 부를 얻는 것이 기도제목의 전부가 되지는 않습니까?

2. 구원의 은혜(중생)를 체험한 이후 신자들에게 주어진 사명은 죄로 인해 파괴된 세상을 회복하며 그것을 하나님의 창조 원리대로 다스리는 것입니다. 그렇다면 우리 삶에서 당장 실천할 수 있는 작은 일들에는 무엇이 있을까요?

3. 믿음이 있다고 하면서도 행실이 바르지 못한 이가 있는가하면, 신앙이 없어도 선을 행하는 자도 있습니다. 그들이 가지고 있는 의지가 노예의지 뿐이라면 중생의 체험을 하지 않고도 어떻게 선을 실천하며 살아가는 것일까요?

(3) 그리스도와 은사

앞서 인류에게 보편적으로 주어진 하나님의 선물을 일반은총으로 설명할 수 있다고 하였습니다. 그렇다면 성령의 선물주심을 잃어버린 인류가 하나님과의 단절 속에서 죄책과 그에 따른 형벌을 피할 수 없는 존재가 되었음에도 불구하고, 다시 초자연적인 삶을 누릴 수 있게 된 것은 무엇 때문일까요? 이는 자신을 대속물로 주신 그리스도의 전적인 선물주심, 즉 특별은총 때문입니다. 칼뱅은 이것을 다음과 같이 말합니다.

> 하나님의 아들이신 그분께서 사람의 아들이 되지 않으셨다면, 그리하여 그가 우리의 것들을 취하시고, 그의 것을 우리에게 베푸시고 또한 본질상 그의 것인 것을 은혜로 우리의 것이 되게 하지 않으셨다면 누가 이런 일을 할 수 있었겠는가?[211]

하나님의 아들이신 그리스도께서는 친히 연약한 인간의 몸을 취하여 중보자가 되시고 당신이 획득한 것을 인간에게 선물로 주셨습니다. 지금부터는 그리스도께서 스스로 선물이 되시어 자신을 신자들에게 내어주신 맥락에서 그리스도의 삼중직, 낮아지심과 높아지심을 살펴보겠습니다. 또한 그리스도께서 지니신 것을 그의 백성에게 선물로 나누어주시는 자기 시여로서의 성찬의 의미를 통해 기독론적 측면에서 은사의 개념에 대해 알아보겠습니다.

1) 은사로서의 그리스도

앞서 살펴본 개핀의 은사 정의에 따르면[212], 은사는 보편적 수여방식인 성령 선물과 상이 배분 형식인 성령 은사의 개념으로 나눌 수 있습니다. 이 개념을 기독론적 차원에서의 은사 개념에 적용해 본다면, 그리스도는 자신이 성령 선물로서 보편적 수여방식에 따라 베풀어 주시는 은사의 근원이 되시며, 또한 오순절에 성령세례를 베푸시어 자기 자신을 성령 선물로 주셨습니다. 그 결과 교회 전체가 구원이라는 성령 선물을 누리게 되었습니다. 그렇지만 이 선물이 개인에게 성령 은사로 나타나는 것은 다양한 방식(상이 배분)을 통해서입니다.[213] 그러므로 '은사로서의 그리스도'는 그리스도께서 어떻게 신자들에게 보편적 수여 방식으로 선물이 되시는가를 연구하는 것이라 생각해도 무방합니다.

일반적으로 기독론에 대한 논의는 크게 그리스도의 위격과 그리스도의 사역으로 나뉩니다. 칼뱅 또한『기독교 강요』에서 먼저 중보자의 두 본성이 어떻게 한 위격을 이루는지를 설명한 후에 그리스도의 삼중직에 대해 설명합니다. 그러나 그리스도의 두 본성 교리보다는 세 가지 직분에 더 큰 관심을 갖습니다. 이는 그가 추구하는 신학의 목표가 교회를 세우는 것에 더 주안점을 두기 때문이며, 이를 통해서 칼뱅의 기독론은 본성 기

독론에서 직분 기독론으로 이동하였다고 볼 수도 있습니다.[214]

① 그리스도의 삼중직

그리스도는 교회의 머리인 동시에 각 사람에게 적합한 분량대로 그의 선물을 나누어 주시는 분(엡 4:7)이십니다.[215] 칼뱅은 그리스도의 삼중 직분을 다음과 같이 말합니다.

> 그러므로, 믿음이 그리스도 안에 있는 구원을 위한 확고한 기반을 찾고 그리스도 안에서 안식을 누리기 위해서는, 다음과 같은 원리를 반드시 세워야 한다. 곧, 아버지께서 그리스도께 명하신 직분이 세 부분으로 되어 있다는 것이 그것이다. 그리스도께서는 선지자와 왕과 제사장으로 주어지셨기 때문이다. 그러나 그 직분들의 목적과 용도를 올바로 이해하지 못하고 이 이름들만 아는 것은 별 가치가 없을 것이다.[216]

그리스도께서 은사를 나눠 주시는 방식은 세 직분을 통해서 이뤄집니다. 신자는 확고한 믿음으로 그리스도 안에서 안식을 누리기 위해서 그리스도의 삼중직의 의미를 바르게 깨달아야 합니다. 이와 같은 관점은 이후 개혁파 기독론에 반영되어 그리스도의 사역을 삼중직(선지자, 왕, 제사장)의 관점에서 집중적으로 다루게 됩니다.[217]

제사장 직분은 삼중 직분 중에서 가장 중요한데, 이는 제사장직을 통해 하나님과 인간이 화목하게 되었기 때문입니다.[218] 제사장직이야말로 자기 자신을 화목 제물로 내어주신 것이므로, 그리스도 자신이 은사라는 사실에 가장 부합한 직분입니다. 그리스도의 제사장직이 구약의 제사장직과 다른 것은 자신이 대제사장이신 동시에 친히 희생 제물이 되시어 하나님의 공의의 기준을 만족시키셨으며, 다른 어떤 것으로도 해결할 수 없는 인간의 죄 문제를 해결하신 화해의 중보자가 되셨다는 점입니다.[219] 루터 역시 그것을 "즐거운 교환"이라 불렀는데, 그리스도께서 친히 인간으로부터 죄를 가져가시고, 의를 전가하여 주심으로 이제 신자와 그리스도가 연합하여 하나님께 나아갈 수 있게 되었습니다.[220] 누구든지 그리스도를 통하여, 그리스도 안에서 하나님께 직접 나아갈 수 있는 제사장이 되었고, 그 길을 허락하신 그리스도가 가장 큰 선물이십니다.[221]

그리스도는 삼중직 중에서 특히 왕직 때문에 메시야로 불립니다.[222] 그리스도가 왕의 "기름부음 받은 자"라고 불릴 수 있는 것은 하나님의 충만한 영을 받아 그것을 각 사람에게 분량대로 나눠주시기 때문이며, 그런 의미에서 "기름부음"이라는 말은 성령과 그 은사들을 의미합니다.[223] 칼뱅은 이런 맥락에서 그리스도의 왕직을 영적인 성격으로 이해합니다.[224] 믿음의 좁은 길을 따라 걷는 신자들은 자기부인과 십자가 지는 삶을 피할 수 없습니다. 그리스도의 왕직을 단지 육체적 차원으로 이해하는 자들은 삶 속에서 낙심하는 일을 만날 때 왕의 통치를 누리지 못하였다고 원망할 수 있습니다. 그러나 왕의 다스림을 누린다는 것은 그리스도께서 모든 영적인 원수들로부터 우리를 지키시며 결국 우리 생명이 하늘에 속한 것임을 깨닫도록 용기를 북돋아 주심을 의미합니다.[225] 그리스도께서는 또한 아버지의 보좌 우편에 앉으셔서 하나님의 대리자로서 아버지의 은혜와 선물인 모든 권세를 소유하시고 우리를 다스리시고 보호하시며 도우십니다.[226]

마지막으로, 그리스도께서 감당하신 선지자직은 하나님의 말씀을 백성들에게 전하는 직분입니다. 하나님은 구약 시대에 선지자들을 통해 말씀하셨으나 마지막에는 아들을 통해 말씀하십니다(히 1:1-3). 제사장직과 왕직은 그리스도 안에서 성취되었으나 선지자직은 아직 완성되지 않았습니다.[227] 그리스도께서 선지자직을 감당하심으로 이제 완전한 교리가 선포되었고 더이상 어떤 예언도 필요 없게 되었습니다. 하지만 그렇다고 해서 그분의 선지자 직분이 더이상 필요 없는 것은 아닙니다. 왜냐하면 그리스도께서는 여전히 복음이 선포되는 가운데 임재하시며 그 일을 위해 기름 부음 받으셨기 때문입니다.[228] 또한 선지자직은 교회의 가르치는 사역과 긴밀히 연관되어 있습니다.[229] 이 직분은 교회 안에서 교사와 목사를 통해 하나님의 뜻과 말씀이 선포되는 다양한 형식으로 지속되고 있습니다.[230]

② 그리스도의 낮아지심과 높아지심

칼뱅 기독론의 또 다른 특징 중 하나는 죄악된 상태를 벗어날 수 없는 인간의 무능력과 창조주로서 높으신 하나님 사이의 긴장을 잘 반영하고 있다는 것입니다.[231] 이 간극을 메꿀 수 있는 유일한 중보자는 오직 그리스도뿐이십니다. 그리스도는 낮아지심과 높아지심의 상태 모두에서 지속적으로 은사를 그의 백성들에게 베풀어 주십니다. 하나님께서 스스로 자기를 낮춰 성육신하심으로 자신을 그의 백성들에게 선물로 주지 않으셨다면 이 일은 결단코 불가능했을 것입니다. 그리스도께서는 낮은 상태로 태어나시어 이생의 여러 비참함과 하나님의 진노, 십자가의 죽음을 감당하셨는데, 이는 본질상 그분이 지니신 수많은 은사들을 우리에게 주시기 위함입니다.[232] 또한 그리스도의 낮아지심의 핵심 중 하나는 그리스도께서 친히 율법 아래 사신 것입니다. 그리스도께서는 죄가 없으신데도 "죄 있는 모양"으로 보내심을 받고 이 땅에서 율법의 요구 아래 사셨습니다.[233] 그리스도께서 친히 율법 아래에 거하심으로 낮아지신 것은 율법 아래 있는 자들을 속량하기 위함입니다.[234] 그리스도가 낮아지신 상태에서 전적으로 아버지의 뜻에 자신을 복종함으로 합당한 희생 제물이 되어 우리 구속을 위한 모든 대가를 친히 선물로 지불하셨기에 이 모든 일은 가능합니다.[235] 어떤 사람도 율법의 요구 아래에서 온전한 순종을 할 수 없는데 이제 그리스도의 완전한 순종이 우리에게 선물로 전가됨으로 그것이 우리의 것이 되었습니다.

그리스도께서 낮아지심으로 십자가에 죽으시고 장사된 사실만을 붙잡는다면 신자의 믿음은 나약해지기 쉬우나, 그리스도는 사망의 권세를 이기심으로 신자들에게 충만한 믿음을 선사하셨습니다.[236] 신자의 구원은 그리스도의 죽으심으로 완전히 성취되었지만, 만약 죽음만 있고 부활이 없다면 산 소망을 붙들며 죽음을 이길 수 있는 강력한 믿음을 가질 수 없을 것입니다.[237] 그리스도의 승천이 신자들에게 어떻게 은사가 되는지에 대해 칼뱅은 다음과 같이 말합니다.

> 또한 바울이 에베소 사람들에게 시편을 인용하여 말한 내용-"그가 위로 올라가실 때에 사로잡혔던 자들을 사로잡으시고 그 사람들에게 선물을 주셨다"(엡 4:8, 시 68:18)-은 분명 오로지 하나님께만 적용되는 것이다. 그런데 바울은 이런 승천이 하나님께서 열방들을 향하여 그의 권능을 발하셔서 큰 승리를 거두셨을 때에 미리 그림자로서 나타난 것으로 이해하고서 그렇게 그림자로 나타난 승천이 그리스도 안에서 충만하게 이루어진 것으로 말하는 것이다.[238]

그리스도께서 하늘로 올라가신 것은 궁극적으로 하나님께서 온 우주 가운데 승리를 거두셨음을 그림자로 나타내신 것입니다. 그리스도께서 하늘로 오르실 때에 그의 신성을 가지고 사로잡혔던 자들을 사로잡으시고 그 사람들에게 선물을 주셨습니다.[239] 그리스도께서 그의 나라를 진정으로 시작하신 것은 승천의 시점부터인데, 제한된 육체로 이 땅에 계신 것보다 오히려 하늘로 오르신 것이 더 큰 유익입니다.[240] 그리스도께서는 세상 끝날까지 우리와 함께 하겠다는 약속을 승천을 통해 이루셨고, 이제 신자들은 그리스도와 함께 하늘과 땅을 다스리는 권능을 부여받았습니다.[241] 그리스도께서 하나님 우편에 앉으신 것은 그에게 이 땅을 다스릴 통치권이 부여되었음을 의미합니다. 하나님으로부터 주어진 권세를 가지고 그리스도께서는 만물을 그 발 아래 복종시키시며, 모든 피조물들은 그 명령에 복종하고 그의 다스림을 받아야 합니다.[242] 이것은 그리스도께서 재림하실 때까지 지속되는데, 신자들은 하늘의 심판대에서 그와 연합되었기에 심판을 면하게 됩니다. 또한 이 땅이 악의 권세가 아니라 하나님의 선한 통치대로 다스림 받는다는 것에 큰 위로를 얻습니다. 그리스도의 승천과 아버지 우편에 앉으심은 말씀과 성령을 통해 그가 교회를 다스리시고 항상 함께 계시며, 그분의 왕권이 시작되었다는 것을 의미합니다.[243]

2) 그리스도께서 시여한 은사로서의 성찬

성찬에 대한 칼뱅의 모든 논의를 다루기에는 지면이 부족할 것입니다. 여기서는 특별히 성찬을 기독론적 입장에서 살펴보면서 성찬에서 어떻게 그리스도 자신이 선물로 신자들에게 임하시는지 살펴보고자 합니다.

> 성례를 간단하고도 적절히 정의하자면, 그것은 주께서 우리의 연약한 믿음을 지탱시켜 주시기 위하여 우리를 향하신 그의 선하신 약속들을 우리의 양심에 인치시는 하나의 외형적인 표지(sign)이며, 또한 우리 편에서는 주와 그의 천사들과 사람들 앞에서 그를 향한 우리의 경건을 인증하는 표지라 할 수 있을 것 같다. 좀 더 간단히 정의하자면, 우리에게 향하신 신적 은혜에 대한 증거를 외형적인 증표로써 확증하는 것이요, 그에 따라서 주님을 향한 우리의 경건을 인증하는 것이라고 말할 수도 있을 것이다.[244]

성례에는 반드시 선행하는 약속이 먼저 주어지며, 마치 부록처럼 그것을 확인하고 인치는 성례의 행위가 뒤따라 옵니다.[245] 성례가 주어진 목적은 우리의 연약한 믿음을 지탱시켜 주기 위함입니다. 영혼이 육체 속에 심겨 있기에 주께서도 보이는 것들을 통해 보이지 않는 신령한 것들을 전해주시는데, 성례라는 눈에 보이는 증표(sign)가 연약한 우리 영혼에 믿음을 불러일으켜 강건케 합니다.[246] 이를 위해 그리스도께서는 친히 세례와 성찬이라는 성례를 제정하심으로, 성령의 은혜를 옛 시대보다 더욱 풍성히 주고자 하십니다.

그리스도께서 자기 자신을 드러낼 때에는 그분의 자비하심과 성령의 은혜가 그리스도 안에서 신자들에게 함께 베풀어집니다.[247] 세례와 성찬 모두 그리스도와 함께 이루어지는 놀라운 연합을 상징하며, 그분과 연합되었기에 결국 그 유익이 신자들에게 흘러 들어오는 것입니다. 세례를 통해 그리스도와 연합된 신자들이 성찬에 참여함으로 은혜 안에서 성장하는데, 이는 그리스도께서 삶의 근원이자 영적 양식이 되기 때문입니다.[248] 또한 신자들이 그리스도와 연합할 수 있는 것은 첫째로 그리스도께서 자신을 우리에게 주셨기 때문이며, 둘째로 그것을 신자들이 믿음으로 수용하기 때문입니다. 이것을 칼뱅은 『성만찬 소고』에서 정확히 밝힙니다.

> 주님은 우리에게 자신의 몸과 피를 먹고 마시라고 명하시면서 덧붙이시기를, 그의 몸은 우리를 위해 내어주셨고 그의 피는 우리 죄 사함을 위해 흘리신 것이라 말씀했다. 따라서 그가 선포하시는 말씀은, 첫째 우리가 더 이상 아무것도 생각하지 않고 단순히 그의 몸과 피에 참여해서는 안 되며 그의 죽음과 고난을 통해서 우리에게 주어지는 열매를 얻기 위해 참여해야 한다는 것이고, 둘째로 이 열매가 나오는 주님의 몸과 피에 우리가 참여함으로써만 이런 열매의 기쁨을 취할 수 있다는 것이다.[249]

성찬을 통해 그리스도와 신자가 연합하는 첫 번째 단계에는 그리스도께서 그의 몸인 생명의 양식을 신자들에게 직접 나누어 주심으로 유익을 베풀어 주시는 은사적 성격이 내포되어 있습니다.

> 우리는 성찬의 매우 강력한 -그리고 거의 모든- 힘이 바로 "너희를 위하여 주는", "너희를 위하여 흘리는"이라는 말에 있다는 점을 주의 깊게 살펴야 할 것이다. 주님의 몸과 피가 우리의 구속과 구원을 위하여 이미 주어진 상태가 아니라면, 그 몸과 피를 지금 나누어 받는다 해도 별 유익이 없을 것이다.[250]

은사의 특징은 그리스도께서 주신 능력이 교회에 전달되는 것입니다. 성찬은 그리스도께서 주신 능력이 아니라 그리스도 자신을 받아 누리게 되는 것이므로 훨씬 더 강력한 은사가 됩니다.

그리스도와 신자가 연합하기 위한 두 번째 단계는 선물로 주어진 그리스도를 나의 것으로 수용하는 것입니다. 칼뱅은 『사돌레토에게 주는 답신』에서 성찬의 떡이 그리스도의 몸으로 변한다는 주장은 옳지 않으나 그리스도와 연합의 수단이 되는 그리스도의 임재가 성찬 가운데 이루어지는 것이 맞다고 말합니다.[251] 떡과 포도주에 그리스도가 임재하시어 신자들의 영혼에 유익을 주는 것은 인간의 지혜로는 이해할 수 없는 신비로운 일입니다.[252] 성찬이 그리스도 자신을 신자들에게 주는 선물이라면, 여기서 핵심은 어떻게 그리스도께서 성찬의 떡과 포도주 위에 임재하시는가입니다. 로마 가톨릭과 루터주의자들 사이에서 성찬 논쟁의 중심도 그리스도의 임재 방식을 어떻게 해석하느냐였습니다. 로마 가톨릭의 화체설(성찬에서 사제가 떡을 떼는 순간 떡이 그리스도의 몸으로 변화한다는 주장)과 루터주의의 공재설(떡이 직접 몸으로 변하는 것은 아니지만 그 주변에 그리스도께서 임재하신다는 주장)은 그리스도를 떡에 가두었지만, 칼뱅은 그리스도를 하늘에서 땅으로 끌어내리는 것이 아니라 승천하신 그리스도께서 믿음을 통해 신자를 하늘로 들어올리신다고 말합니다.[253] 여기서 중요한 것이 바로 믿음입니다. 성령을 통해 믿음으로 성찬을 받아들일 때 그리스도와 연합할 수 있습니다.[254] 그리스도께서는 빵과 포도주 위에 육체적이 아니라 영적이며 실제적으로 임재하시기에, 믿음을 발휘하지 않는다면 어떠한 유익도 누릴 수 없습니다. 화체설과 공재설이 떡 속에 계신 그리스도께 집중했다면, 칼뱅은 영적으로 먹는 것에 더 관심을 가지고 있었으며 성령의 은밀한 역사를 통해 영적이면서도 실제적으로 그리스도의 몸에 참여하게 되는 놀라운 신비를 성찬의 선물로 간주합니다.[255] 성찬을 통해 그리스도를 먹고 마시는 자들은 그리스도와 교제하게 되며 영생에 이르도록 지속적인 힘을 공급받습니다.[256]

일반적으로 성찬은 기독론적 측면보다는 교회론에서 더

풍성하게 논의되었습니다. 그러나 성찬을 은사의 측면에서 다룰 때에는 기독론의 차원에서 다루는 것이 훨씬 더 유익합니다. 왜냐하면 성찬을 교회론적 측면에서 다룬다고 해도 기독론을 배제하고는 은사의 효력을 설명할 수 없기 때문입니다.

〈요약〉

1. 그리스도는 자신이 성령 선물이 되시어 모든 신자에게 보편 수여 방식으로 베풀어 주시는 은사의 근원이 되시는 동시에, 각 개인에게 다양한 (   ) 방식으로 성령 은사를 나눠주십니다.

2. 칼뱅이 기독론을 논함에 있어 두 본성 기독론보다 그리스도의 삼중직에 더 관심을 갖는 것은 그의 신학의 목표가 (   )에 있기 때문입니다.

3. 그리스도께서 은사를 나누어 주시는 방식은 (   )을 통해서 이루어집니다.

4. 제사장직은 자기 자신을 (   )로 내어주심으로 화목케 한 직분으로, 그리스도 자신이 은사라는 사실에 가장 부합되는 직분입니다.

5. 칼뱅은 그리스도의 왕직을 영적 차원에서 이해하는데, 그분의 다스림을 받기 시작하였다면 육체적 삶으로 낙심치 않고 하늘 시민으로 살아갈 힘을 공급받기 때문입니다.

6. 그리스도의 선지자직은 하나님의 (   )을 백성들에게 전하는 사명이며, 교회 안에서 (   )의 말씀사역을 통해 지속되고 있습니다.

7. 그리스도의 낮아지심의 가장 큰 핵심은 ( )이며, 이는 그가 지니신 수많은 은사를 우리에게 주시기 위함입니다.

8. 그리스도께서는 십자가의 희생뿐 아니라 ( )에 완전히 순종하심으로 구속을 위한 모든 대가를 지불하시고 우리를 위한 선물이 되어 주셨습니다.

9. 신자들은 그리스도와 함께 하늘과 땅을 다스리는 권능을 부여 받았는데, 이것은 그리스도의 ( )을 통해 보좌 우편에서 만물을 다스리심으로 시작되었습니다.

10. ( )를 통해 그리스도와 연합된 자들은 성찬을 통해 은혜 안에서 ( )합니다.

11. 성찬이 다른 여타의 은사보다 훨씬 더 강력한 은사가 되는 것은 단지 그리스도께서 주신 능력이 아니라 ( )을 받아 누리는 것이기 때문입니다.

12. 신자들이 성찬을 통해 유익을 누리기 위해서는 반드시 ( )이 필요합니다.

<나눔을 위한 질문>

1. 성령이나 성부 하나님을 은사의 수여자로 생각했지만, 그리스도를 은사를 주시는 분으로 생각해 본 적이 있습니까?

2. 그리스도께서 감당하셨던 세 가지 직분을 통해 우리에게 주신 선물이 무엇인지 나눠봅시다.

3. 신앙이 있으면서도 세상 염려나 재물의 유혹에 말씀이 막혀 결실을 맺지 못한 경험이 있나요? 왕 되신 그리스도께서 이러한 우리 믿음의 연약함을 어떻게 도우실 수 있을까요?

4. 그리스도께서 율법에 완전히 순종하셨다는 사실이 자신에게 큰 위로이자 선물이 된 경험이 있다면 나눠봅시다.

5. 성탄이나 부활은 중요한 절기로 지키는데 반해 그리스도의 승천은 거의 언급되지 않고 있습니다. 당신은 신앙생활을 하면서 승천에 대한 유익과 의미에 대해 얼마나 알고 있나요?

6. 성찬의 여러 교리들(화체설, 공재설, 기념(상징)설, 영적임재설)에 대해 공부해 본 적이 있습니까? 성찬이 그리스도의 수난을 묵상하는 슬픔의 시간인지 우리 영혼을 먹이고 살찌우는 은혜의 방편인지 함께 나눠봅시다.

(4) 교회와 은사

1) 교회 안에서의 양육과 훈련

우리는 영적으로 무지할 뿐 아니라 게으르기까지 해서 스스로 믿음을 향해 나아갈 수 없기에 외부로부터 주어지는 하나님의 선물이라는 도움이 필요합니다. 그것이 바로 교회입니다.[257] 하나님께서는 신자가 장성한 분량까지 자라도록 교회 안에서 양육과 훈련이라는 선물을 허락하셨습니다.[258] 교회는 하나님을 아버지로 모시는 모든 경건한 자들에게 어머니가 됩니다.[259] 젖을 먹이며 양육하는 것이 어머니의 가장 중요한 역할이듯, 신자들을 양육하고 훈련하는 것이 교회의 가장 중요한 역할 중 하나이며, 이는 하나님께서 교회에 주신 귀한 선물입니다. 하나님께서 은사를 주신 목적은 교회를 세우기 위함입니다. 교회 안에 주어진 은사는 성도를 온전케 함으로 봉사의 직무를 감당케 하는 것인데, 이것은 가르치는 직분자들이 말씀으로 양육하고 훈련시키는 것을 통해서 성취됩니다.[260]

1541년 스트라스부르에서 제네바로 돌아온 칼뱅에게 가장 중요한 것은 목회자 그룹을 모집하여 그들을 양육하고 훈련함으로 도시를 개혁하는 것이었습니다.[261] 이 일을 위해 칼뱅은 제네바 목사회와 제네바 아카데미를 세웠습니다. 제네바 목사회는 제네바와 인근의 목회자가 매주 금요일에 모인 모임인데,

단순히 목회자들의 친목 모임이 아니라 칼뱅 자신이 교수 역할을 하며 함께 말씀을 나누고 신학 토론을 통해 유익을 누리는 일종의 성경연구 모임이었습니다.[262] 제네바 아카데미에서 교사들은 유럽 개혁교회의 지도자 양성을 위해 교양, 인문, 신학을 가르쳤으며, 개원 초기 160명의 신학생과 약 600명의 제네바 청소년들이 이곳에서 훈련을 받았습니다.[263] 제네바 목사회가 직접적인 목양의 돌봄을 위해 구성된 것이라면, 제네바 아카데미는 목회와는 별개로, 목사와 교사의 직분을 잘 수행할 수 있도록 양육과 훈련을 위해 세워진 기관입니다. 제네바에서 교육의 주체는 가정과 정부가 아니라 교회였는데 제네바 아카데미의 운영까지도 교회의 통제 아래 있었다는 것은 교회가 양육과 훈련의 주체가 되어 이 일을 감당했음을 보여줍니다.[264]

교회에서의 양육과 훈련에 있어 중요한 것은 목사를 통해 주어지는 복음 설교와 교회 안에서 시행되는 교리교육입니다. 칼뱅 교회론의 핵심은 말씀을 올바로 전하는 설교입니다.[265] 이를 위해 목사라는 직분을 은사로 주시어 말씀을 가르치고, 그것을 온유함으로 받는 자들에게는 큰 유익을 허락하십니다.[266] 기독교 역사를 살펴볼 때 교회 안에서 바른 말씀의 증거가 빈약해지면 사람들은 인간적인 전통에 집착하게 되고, 그런 과정을 겪은 로마 가톨릭 교회는 이내 거짓 교회가 되었습니다.[267]

또한 교회 안에서 이루어지는 교리교육은 신자들을 훌륭

한 신앙인으로 길러내는 데 탁월한 수단이 됩니다.[268] 칼뱅은 그의 사역기간 동안 신앙고백서와 신앙교육서, 신앙문답서를 작성하여 바른 교리교육을 위한 기초를 놓았습니다. 먼저, 제1차 제네바 사역 기간 중인 1536년에 개신교 신앙을 정립하기 위해 교회 조직과 교회법에 대한『제네바 신앙고백서』를 작성했습니다.[269] 이듬해인 1537년에는 이 신앙고백서를 보완하기 위해서『1차 신앙고백서』를 작성하지만, 반대파와의 마찰로 인해 많은 시민들은 고백서에 서약하기를 거부하였고[270], 결국 칼뱅은 제네바에서 추방되어 스트라스부르(Strasbourg)로 향하게 됩니다. 그러나 1541년 제네바의 간절한 부탁으로 칼뱅은 다시 제네바로 돌아오게 되고, 제2차 제네바 사역 기간 중인 1542년에 제2차 신앙문답서라 불리는『제네바 교리문답』을 작성하여 기독교 신앙의 핵심 교리들을 가르쳤습니다. 1차 신앙고백서가『기독교 강요』초판의 요약이었다면, 두 번째는 형식을 문답식으로 바꿔 교회 안에서 새 신자와 어린 자녀들을 신앙교육하기 위한 목적으로 작성되었습니다.[271] 목사의 직분은 천상의 교리를 가르치는 직분이기에,[272] 교리교육을 통해 신자들을 하나님의 말씀으로 양육하고 훈련시키는 일을 게을리 해서는 안 됩니다.

2) 봉사와 직분으로서 은사 이해

칼뱅의 교회는 '직분 중심의 교회'입니다.[273] 하나님은 직접 교회를 다스릴 수 있음에도 자신을 대변하는 자로 직분자를 세우시고, 그들을 통해 당신의 백성을 돌보십니다. 칼뱅이 루터와는 달리 '만인제사장론'을 거의 언급하지 않은 것은 이와 같이 직분의 중요성을 강조한 측면에서 보면 결코 이상한 일이 아닙니다.[274] 칼뱅에게는 그 강조점이 '만인'보다 '직분자'에게 있었습니다.

제네바에서 사역의 실패는 그에게 큰 아픔을 가져다 주었으므로 다시 제네바로 돌아갈 마음조차 먹지 않았는데, 결정적으로 그가 다시 제네바로 돌아가게 된 계기는 제네바 시가 교회법의 제작 권한을 칼뱅에게 주었기 때문입니다.[275] 제네바의 교회법은 1부에서 네 직분(목사, 교사, 장로, 집사)을 다루는데, 이는 제네바의 종교개혁 완수를 위해 바른 직분론의 회복이 얼마나 중요한지를 깨닫게 해줍니다.

그는 목사의 사역을 사도직과, 교사의 사역을 선지자직과 일치하는 것으로 보았습니다.[276] 둘 다 말씀의 사역자인 것에 공통점이 있으나 차이가 있다면 교사는 권징이나 성례를 집례하지 않아도 되며, 성경의 바른 해석과 가르침의 사명만 주어졌습니다.[277] 무엇보다 교사에게는 교리의 순수성을 지키며 목회자

후보생들의 신학 교육을 담당하는 역할이 주어졌는데, 아카데미에서 후보생들의 교육을 담당했던 직분이 바로 교사입니다.

칼뱅은 네 직분에 대한 논의에서 목사직에 가장 큰 강조를 두며, 심지어 교인의 공동체보다도 목사의 직분을 더 우선하는 것으로 여겼습니다.[278] 왜냐하면 교회가 사도와 선지자의 터 위에 세워진 것처럼 목사와 교사의 직분이 없다면 교회가 세워질 수 없기 때문입니다. 또한 성례와 권징을 포함한 교회의 실제적 목양에 대한 전반적인 책임이 목사에게 주어졌기에 다른 모든 직분자들은 말하자면 목사의 일에 참여하는 것이 됩니다.[279] 칼뱅은 목사직의 본질을 크게 다섯 가지로 보았습니다.[280] 첫째, 목사는 하나님의 목자입니다. 하나님은 목사를 통해서 그의 양을 선한 길로 인도하시기 때문에 목사는 목자장 되신 그리스도의 말씀을 따라 양무리를 돌보는 직분자입니다(벧전 5:4). 둘째, 목사는 "하나님의 입"으로서의 대변자입니다. 자신의 생각을 전하는 것이 아니라 하나님의 말씀을 맡아 봉사하는 직분입니다. 셋째, 목사는 그리스도의 교훈을 가르치는 교사입니다. 이것은 교사의 직분과도 중복되지만 목사의 직분은 목양의 사역까지 감당해야 합니다. 넷째, 목사는 청지기이며 종입니다. 청지기란 주인으로부터 집을 관리하고 다스리는 임무를 맡은 책임자입니다. 목사는 교회를 하나님으로부터 받아 주께서 다시 오실 날 칭찬받을 수 있도록 관리하는 직분입니다. 마지막으로 목사직의 본질은 세상의 빛입니다. 복음 전도의 사명이 초대 교회 시대에 사도들에게 주어진 것처럼 목사는 세상 가운데 빛의 사명을 감당함으로 그리스도의 몸 된 교회를 세워야 합니다. 목사의 직분이 다른 모든 직분을 포함한다는 것은 목사와 교사가 가르치는 자로서 그 역할의 중첩이 생기며, 또한 목사와 장로는 함께 교회를 다스리는 자로서 직분의 교차점을 갖는다는 의미입니다.

장로는 신자들의 삶을 지켜보며 죄와 무질서에 넘어진 자들을 사랑으로 훈계하는 직분입니다. 또한 목사와 더불어 교회를 다스리는 자로서 교회 안에 도덕적인 문제들을 권징하는 책임을 맡은 자들입니다.[281] 이를 위해 칼뱅은 제네바에서 12명의 장로와 12명의 목사로 구성된 치리회(consitoire)를 설립합니다.[282]

네 직분 중 마지막 직분은 집사입니다. 교회는 공동체 안에서 고통을 겪고 있는 형제와 자매들을 돌보며 그들을 섬길 의무가 있습니다. 하나님께서는 집사의 직분을 교회에 선물로 주시어 물질적으로 궁핍한 과부와 고아를 돌아보게 하셨고, 공동체 안에서 실제적인 나눔이 흘러갈 수 있는 통로로 사용하셨습니다.[283]

칼뱅은 개별 은사를 교회론적으로 강조하는데, 이는 직분을 통한 봉사를 은사와 연관시킨 것입니다.[284] 어떻게 이 일이 가능할까요? 칼뱅은 『요한복음 주석』에서 이 내용을 간략히 다음과 같이 설명합니다.

> 사실 하나님의 교회를 다스리며, 영원한 구원의 사신 역할을 담당하고, 지상에 하나님의 나라를 세우며 인간들을 하늘로 들어 올리는 일은 인간적인 능력 이상의 소관이다. 그러므로 누구든지 성령의 영감을 받기 전에는 적합한 사람이 없다는 사실은 별로 놀라운 말이 아니다. … 그리스도께서는 은밀한 영감을 통해서 그의 사도들에게 은혜를 제공할 수 있었지만 그는 그들에게 확신을 주는 뜻에서 눈에 보이는 숨 쉼을 더하기로 하셨다.[285]

은사와 봉사의 직분을 연결시켜 주시는 이는 성령이십니다. 성령께서는 복음이 전파되는 순간마다 적합한 은사를 부어 주시는 것이 아니라, 말씀의 사역자를 임명하시어 그를 통해 봉사의 직무를 수행케 하십니다. 하나님께서는 그의 백성들에게 교회를 선물로 주실 뿐 아니라, 교회 안에 직분을 선물로 주시어 교회가 하나님의 질서 가운데 서로를 돌아보며 그리스도의 사랑을 실천하는 공동체가 되게 하셨습니다.

3) 교회의 속성으로서의 은사 이해

교회의 속성인 사도성, 보편성, 통일성, 거룩성은 어떻게 은사와 관계를 맺을까요? 네 속성들은 바른 교회를 판단하는 시금석이어서 교회를 한쪽으로 치우치지 않게 해주었습니다.[286] 교회의 네 가지 속성들은 그 논리적 순서와 의미에 있어 은사와 밀접한 관계를 맺고 있습니다.[287]

첫째, 교회의 사도성은 구원론적 측면에서 은사의 정의와 밀접한 관련이 있습니다. 구원의 진리가 교회에 전파되고 그리스도의 말씀으로 교회를 세우기 위해 사도들이 선물로 교회에 주어졌다는 것은 값없이 베풀어 주시는 은혜의 현현이라는 은사의 정의와 일맥상통합니다. 교회의 사도성이란 그리스도를 통해 직접 하나님의 말씀을 받은 사도의 가르침에 배척되는 것은 교회 안에서 진리로 받아들여질 수 없다는 것을 의미합니다. 로마 가톨릭 교회는 교회의 사도성을 인물의 계승에서 찾았지만 진정한 교회의 사도성은 교리의 계승에서 발견해야 합니다.[288] 교회 안에서 사도성이 보존되도록 승천하신 그리스도께서는 사도의 직분을 은사적 차원으로 교회에 허락하셨지만, 그 직분이 사라졌다고 해서 교회의 사도성이 사라지는 것은 아닙니다.[289] 사도의 중요한 기능이 진리로 교회를 세우며 성도를 양육하는 것이라면, 이는 정확하게 은사가 주어진 목적과도 동일합니다.

둘째, 교회의 보편성은 은사의 기원과 관련이 있습니다. 교회의 보편성이란 모든 시대를 초월하여 모든 사람들에게 선포되고 보존될 수 있도록 교회가 가지고 있는 결정적인 중요성을 가리킵니다.[290] 신적 교리라는 한 가지 진리에 동의하는 것이 보편성의 한 축이라면, 또 다른 축은 그리스도께 그 기원을 두고 있습니다. 그리스도의 몸이 여러 개로 나뉠 수 없듯이 그의 몸 된 교회도 나뉠 수 없는 것은 당연합니다.[291] 이신열은 은사와 교회의 보편성과의 상관관계를 설명하면서 은사의 기원을 그리스도께 두는데, 그리스도께서 다양한 은사를 주신 까닭은 그리스도의 충만함으로 만물을 충만케 하는 사명을 그의 백성들이 감당케 하기 위함이며(엡 4:10), 이는 교회가 은사를 통해 그리스도의 충만함에 이르는 보편성을 추구할 수 있도록 이끌기 때문입니다.[292]

셋째, 교회의 통일성은 은사의 기능과 관련이 있습니다. 교회가 통일성을 유지하는 이유는 먼저 삼위 하나님의 선택을 통해 탄생하였기 때문이고,[293] 교회가 그리스도의 견고하심과 연결되어 있기 때문입니다. 그리스도의 몸에 연결된 교회는 결코 여러 개로 나뉠 수 없습니다. 그렇다면 교회의 통일성과 은사는 어떤 관계가 있을까요? 칼뱅은 교회의 통일성을 사도신경의 "성도가 서로 교통하는 것"이라는 조항과 함께 설명합니다. 성도들은 그리스도께서 주신 다양한 은사들을 서로 나누기 위해 교회에 모이며, 이러한 교통(communion)을 통해 풍성한 위로를 얻습니다.[294] 몸에 다양한 지체가 있는 것은 몸으로부터의 분리를 의미하는 것이 아니라, 은사를 통해 몸 전체에 유익을 주기 위함이므로, 다양성은 분리가 아니라 오히려 통일을 만들어 냅니다.[295] 교회에서 은사가 서로 나누어지는 것은 교회의 상호성을 구체적으로 드러내는 도구가 되며, 상호 의존성은 결국 교회를 세우는 은사의 본질적 기능과 밀접한 상관관계를 맺게 됩니다.[296]

넷째, 교회의 거룩성(holiness)은 은사의 결과와 관련이 있으며, 양육을 통해 삼위 하나님을 알아감으로써 구체화 됩니다.[297] 칼뱅에게 교회는 신자가 믿음을 단련하여 거룩의 목표에 도달하기까지 그를 붙드시는 어머니와 같습니다.[298] 그런데 그 일은 하나님께서 그의 교회에 주신 직분자들, 특별히 말씀의 사역자들을 통해 이루어지며 이러한 직분은 은사와 밀접한 관계를 맺고 있음을 이미 살펴보았습니다. 그러므로 교회 안에서 은사가 올바로 사용된 결과로서 교회의 거룩성은 더욱 고취됩니다.[299]

〈요약〉

1. 하나님께서는 신자를 장성한 분량으로 자라가도록 교회 안에서 ( )과 ( )이라는 선물을 허락하셨습니다.

2. 칼뱅은 ( )와 ( )를 세워 목회자들의 목회적 돌봄과 양육, 훈련을 위한 도구로 사용하였습니다.

3. 교회에서의 양육과 훈련에 있어 중요한 것은 목사를 통해 주어지는 ( )와 교회 안에서 시행되는 ( )입니다.

4. 목사의 직분은 가르치는 자로서 ( )와 역할의 중첩이 생기며, 교회를 다스리는 자로서 ( )와 직분이 교차점을 갖습니다.

5. 은사와 봉사의 직분을 연결시켜 주시는 이는 ( )이십니다. 성령께서는 복음이 전파되는 순간마다 적합한 은사를 부어주시는 것이 아니라, ( )를 임명하시어 그를 통해 봉사의 직무를 수행케 하십니다.

6. 교회의 사도성과 은사의 관계는, 사도들의 터 위에 구원의 진리가 전파되고 그 말씀으로 교회가 세워지도록 교리의 계승이 선물로 주어졌음을 말합니다.

7. 교회의 보편성은 은사의 ( )과 관련이 있는데, 이 둘은 모두 그리스도께 그 기원을 둡니다.

8. 교회의 통일성은 은사의 ( )과 관련이 있으며, 성도의 교통을 통해 다양한 은사들이 교회의 분리가 아니라 오히려 통일을 만들어 냅니다.

9. 교회의 거룩성은 은사의 ( )와 관련이 있습니다.

<나눔을 위한 질문>

1. 신앙생활을 하면서 새가족반이나 제자반 같은 프로그램이 아닌 교리교육(신앙고백서나 교리문답서)을 받아본 경험이 있다면 나누어 봅시다.

2. 교회에서 직분을 받을 때 그것을 부담스러워하거나 짐처럼 여긴 적이 있습니까? 직분은 하나님께서 교회를 세우며 공공의 이익을 위해 허락하신 은사라는 것을 깨닫고 난 후, 직분에 대한 당신의 태도가 바뀌었다면 함께 나누어 봅시다.

(5) 정리하며

지금까지 『기독교 강요』에 나타난 칼뱅의 은사 개념에 대한 이해를 창조론, 인간론, 기독론, 교회론 측면에서 살펴보았습니다. 신약 주석에서 칼뱅은 은사를 직분론적이고 교회론적이며 성령론적으로 바라보았지만, 신약 주석과는 달리 『기독교 강요』에서는 은사를 성령론적으로 이해하지 않습니다. 또한 『기독교 강요』에서 은사를 바라보는 관점은 가시적 차원보다는 비가시적 차원에 더 초점이 맞춰져 있습니다.

오순절주의자들의 관점에 비하면 은사에 대한 칼뱅의 이해는 광범위합니다. 그는 은사를 단순히 가시적 은사에 한정하지 않고, 하나님의 다스림과 통치의 측면에서 바라봅니다. 그것은 창조로부터 시작하여 타락과 구속, 완성의 모든 국면에 다 담겨 있습니다. 하나님의 창조행위 자체가 피조물을 위해 주신 선물(은사)이며, 인간의 타락으로 인해 이내 모든 것이 망가졌음에도 그 안에 하나님의 형상을 선물로 남겨 놓으셨습니다. 결국 그리스도를 선물로 보내시어 구속의 길을 제시해 주셨을 뿐 아니라, 우주적 완성을 향한 모형으로 교회를 선물로 안겨주었습니다. 칼뱅에게 있어 은사란 이 세상을 다스리라는 문화 명령을 성취할 수 있도록 부여해 주신 모든 능력을 가리킵니다.

4. 칼뱅의 관점에서 살펴본 오순절 운동의 은사 이해

오늘날의 은사 이해는 20세기 들어 등장하게 된 오순절 운동을 이해하는 것과 연관이 깊습니다. 왜냐하면 오순절 운동이 개신교 신학과 로마 가톨릭 신학 모두에 상당한 영향을 미쳤으며, 특별히 성령론에 대한 지대한 관심을 이끌어 내었기 때문입니다. 사실, 은사 이해는 성령에 대한 이해에서 비롯됩니다. 교회사를 살펴보면, 첫 18세기까지는 몇몇의 예외적인 경우들이 있기는 하였으나, 성령에 관해 어느 정도 동일한 관점을 유지했습니다.[300] 그것은 칼뱅이 주장한 바와 같이 성령은 성부와 성자에게서 보내심을 받았으며, 성령은 그리스도의 영이기에 그리스도와 결코 분리되어서는 안 된다는 것입니다.[301] 그러나 은사주의 운동은 성령론을 왜곡하여 성령을 특별한 체험을 경험하는 도구로만 이해하였고, 그 결과 교리의 순수성 대신에 비합리적이고 초자연적인 현상만을 추구하는 부작용을 야기했습니다.[302] 이에 따라 오순절 및 은사주의 신학자들의 은사 이해는 공공성의 측면에서 교회에 어떤 유익이 드러날지에 대한 관심보다는 개인의 삶 속에서 영향을 미치는 개별성의 차원에 국한되었습니다.[303] 이와 더불어 오순절 운동이 획기적으로 발전한 것은 '성령세례', '은혜(은사)', 그리고 '능력'이라는 개념에 대한 독특한 가르침 때문입니다.[304]

(1) 오순절 운동의 흐름

1) 고전적 오순절 운동 (The Classical Pentecostal Movement)

고전적 오순절 운동은 찰스 폭스 파함과 윌리엄 조셉 시모어에 의해 20세기 초에 시작되었으며, 구원, 성령세례, 치유, 임박한 재림에 대한 주제를 가지고 '순복음(full gospel)'으로 발전했습니다.[305] 고전적 오순절주의의 독특성은 회심이나 물세례와는 별도로 모든 그리스도인이 성령세례를 받아야 한다는 주장에 있습니다.[306] 그리스도인이 된 후, 혹은 다른 순간에 강력한 체험이 뒤따르며, 방언으로 말하는 것은 성령세례를 받았다는 첫 번째 증거로 여겨집니다.[307] 달리 말하자면, 고전적 오순절 운동에서는 방언으로 대표되는 성령세례가 모든 신자들이 경험해야 할 것으로 요구됩니다. 또한 이들은 구원에 있어서 삼단계 또는 이단계 이론을 주장했는데, 이는 중생 이후에 성령세례라는 특별한 단계를 추가함으로써 성령을 중생의 성령과 능력의 성령으로 이분화하는 오류를 초래하였습니다.[308] 이는 신자들이 결핍이나 무능력을 극복하기 위해서 초자연적인 성령의 능력을 사용해야 하며, 결국 하나님의 신적 은혜(은사)보다는 능력에 더 많은 관심을 돌리게 만들었습니다.[309]

2) 신오순절 운동(Neo-Pentecostal Movement)

1960년대 초반에 들어서면서 오순절 운동은 고전적 오순절 운동과는 달리 신오순절 운동이라는 이름으로 일종의 부흥운동의 형태를 띠며 그 세력을 확장시켜 나갑니다.[310] 정교회, 로마 가톨릭, 영국 국교회, 개신교에 이르기까지 이천만이 넘는 사람들이 이 흐름에 동참했는데, 그들은 자신들의 은사주의 운동을 은사 회복(the charismatic renewal)운동이라고 불렀습니다.[311] 왜냐하면 이 운동의 주된 목적은 은사와 사역을 활성화하여 모든 사역을 하나로 합치는 것에 있기 때문입니다. 신오순절 운동 역시 고전적 오순절 운동과 마찬가지로 성령세례를 강조하지만, 성령세례가 반드시 방언을 동반한다는 주장을 거부함으로써 고전적 오순절 운동과 차별성을 지니고, 기존 교회의 성령론과 마찰을 줄여 전통 교회 안으로 침투하게 됩니다.[312] 고전적 오순절 운동이 방언을 중요시 여겼다면 신오순절 운동은 방언에 대한 은사보다는 이를 포함한 각종 은사를 더욱 강조하였으며, 그래서 '은사주의 운동'(the Charismatic Movement)이라고도 불립니다.[313] 그들의 주장에 따르면 성령으로 세례받은 자들은 보통 하나 이상의 은사를 반드시 소유하게 되며, 은사가 전혀 없는 사람은 없습니다. 또한 은사는 가르치는 은사, 구제와 위로의 은사와 같은 일반적인 은사들과 신약성경 시대에 있었지만 여러 세기 동안 사라졌던 '표적 은사'들로 나누는데, 특별히 표적 은사들이 회복되어야 교회가 온전해집니다.[314] 은사주의 운동은 20세기 기독교 안에 그리스도의 중심성, 성령의 권능을 경험하는 삶, 기도 생활의 강조, 넘치는 기쁨, 적극적인 예배의 참여, 모든 성도를 사역으로 인도케 함이라는 긍정적인 효과들을 불러일으켰습니다.[315] 그러나 이와 반대로 은사를 자연적 은사와 초자연적 은사로 나누면서 성경적인 은사 이해로부터 멀어지게 만들기도 하였습니다.[316] 뿐만 아니라, 성령세례 교리를 강조한 나머지 은혜의 개념이 무시되고 그 결과 이를 능력이라는 개념으로 대체하는 우를 범하게 됩니다.[317]

3) 제3의 물결(The Third Wave)

20세기 초 중반부의 성령 운동을 대표하는 것이 고전적 오순절 운동과 은사주의 운동이었다면 후반부를 대표하는 성령 운동은 피터 와그너와 존 윔버에 의해 주창된 "제3의 물결"입니다. 제3의 물결이란 그 제목에서 유추할 수 있는 바와 같이, 첫 번째와 두 번째 오순절 운동에 이은 세 번째 운동이며, 이는 앞서 두 개의 운동과 전혀 다른 것이 아니라 성령 운동이 이전에 비해 활발하게 일어난 것을 의미합니다.[318] 이 운동은 앞서 두 물결과는 달리 성령세례를 강조하기보다는 "성령 충만"이라는 단어를 선호하였습니다. 이를 통해 성령 세례 이후 또 다시 받아야 하는 제2의 축복 개념인 오순절 신학의 한계를 극복하고자 하였지만, 그럼에도 불구하고 여전히 능력 치유와 귀신 축출, 표적과 기사 등을 강조함으로 결국 '제2의 축복 신학'을 벗어나지 못하였습니다.[319] 이런 신학은 신사도 운동과 같은 왜곡된 성령 운동으로 번지게 되고, 그 기조에는 예수의 기적을 교회 성장을 위한 도구로 사용하고자 하는 잘못된 은사 개념이 존재합니다.

(2) 오순절 운동에 나타난 은사에 대한 칼빈주의적 평가

칼뱅의 시대와 오순절 운동이 발원한 시기에는 400여 년의 시간 차이가 존재하므로, 칼뱅이 오늘날의 오순절 운동에서 주장하는 은사론을 어떻게 받아들였는지를 정확히 말할 수는 없습니다. 그러나 그와 동시대에 존재했던 여러 열광주의자들에 대한 칼뱅의 견해를 통해 간접적으로나마 추론해 볼 수 있습니다. 오순절 및 은사주의자들에게 성령의 주요한 역할은 초자연적 은사를 회복시키며 그 능력을 체험하게 하는 것입니다. 그들은 이것이 성령 세례라는 특별한 체험을 통해 가능하다고 주장합니다. 그러나 칼뱅은 성경을 버리고 다른 계시를 좇아 하나님께 도달할 수 있다고 생각하는 재세례파와 열광주의자들을 향해 경솔한 오류에 빠져있으며 광란의 상태에 빠진 자들이라고 말합니다.[320] 칼뱅은 이런 교만에 부푼 광신자들을 향해 다음과 같이 말합니다.

> 주님은 상호간의 일종의 결속을 통해서 그의 말씀의 확실성과 그의 성령의 확실성을 하나로 묶어 놓으셨으므로, 성령께서 빛을 비추셔서 우리로 하여금 하나님의 얼굴을 바라보게 하실 때에 말씀에 대한 완전한 신앙이 우리 마음 속에 자리를 잡게 되며, 또한 우리가 성령을 그 자신의 형상, 즉 말씀 속에서 인식할 때에, 우리가 혹 속임을 당하는 것이 아닐까 하는 두려움이 없이 성령을 받아들일 수 있는 것이다. 하나님께서 그의 말씀을 사람들 가운데 세우신 것은, 그저 일시적으로 그것을 내어 보이시고 그의 성령이 오시면 그것을 폐지하도록 하시기 위함이 아니었다. 오히려 하나님께서는 성령의 능력으로 말씀을 기록하셨고, 그 동일하신 성령을 보내사 그 말씀을 효력 있게 확증케 하심으로써 그의 일을 완성하고자 하신 것이다.[321]

사도들의 설교사역조차도 성령의 증거를 통해 확증될 때에만 효력 있는 역사가 일어나게 되며, 성령의 충만은 반드시 성경으로 인도합니다. 칼뱅에게 있어 성령의 조명이란 하나님의 말씀은 무시한 채 특별한 꿈이나 환상, 개인의 체험을 담대하게 믿는 것이 아닙니다. 말씀이야말로 하나님께서 그의 백성들에게 성령의 조명하심을 베푸시는 은혜의 방편입니다.[322] 말씀과 성령은 반드시 함께 역사하므로, 성령의 조명하심을 그리스도의 가르침의 진리를 깨닫는 것 이상의 무엇으로 기대하는 것은 잘못된 것입니다.[323]

칼뱅은 오순절 은사주의자들과 달리 성령을 도구로 인식하지 않고 삼위일체론적으로 이해했습니다. 물론 은사주의자들도 굳건한 삼위일체 신앙을 고백합니다.[324] 그러나 삼위일체에 대한 잘못된 이해가 오순절 운동 안에 빈번하게 드러나는 까닭은 그들의 근본주의적 성경해석 때문입니다.[325] 그리스도의 중심성을 교리적 측면보다는 감성적 측면에 더 맞추어 대속 사역에만 한정하다 보니 그리스도의 인격과 다른 위격들에 대한 올바른 이해를 벗어나게 되고 이로 인해 이단화 경향이 나타나게 됩니다.[326] 칼뱅의 성령론은 철저하게 삼위일체적 사상의 기반 위에 있기 때문에 비성경적인 심령주의나 신비주의를 부정합니다.[327]

오순절 운동이 성령론의 기본교리에 관해서 정통교회들과 일치하고 있으나 구체적인 부분에서는 다양한 스펙트럼을 지니고 있는데, 그 가운데 가장 큰 견해 차이는 방언과 성령세례와의 관계입니다. 은사주의자들 중에는 방언을 성령세례의 최초 증거라고 주장하는 이도 있고 그것에 동의하지 않는 이들도 있지만, 중생 이후에 더 풍요로운 삶을 위한 성령세례가 필요하다는 것에는 공통적으로 동의합니다. 그러나 칼뱅은 사도행전 19장 2절의 "너희가 믿을 때에 성령을 받았느냐"라는 구절을 주해하면서 오순절 은사주의자들이 주장하는 두 번째 축복으로서의 성령세례 개념과는 다른 입장을 취합니다.[328] 여기서 바울이 성령 받은 것을 묻는 이유는 그들이 가지고 있는 신앙이 율법의 행위 때문인지 아니면 듣고 믿은 것 때문인지(갈 3:2) 그 고백의 확실성을 되짚어 주기 위함이지 특별한 능력을 얻게 하는 성령을 전하기 위함이 아닙니다.[329] 칼뱅 시대에도 성령을 본질적인 인격이 아니라 단지 거룩한 능력이나 은사를 주시는 분 정도로 생각한 자들이 있었지만 성령의 신학자로 불린 칼뱅은 그 누구보다도 인격이신 성령을 강조했습니다. 성령은 모든 은사의 근원이시며 신자를 중생케 하실 뿐 아니라 각 사람에게 필요한 은사를 나눠 주심으로 공동체의 유익에 공헌케 하시는 분이십니다.[330]

또한 은사주의 운동(the charismatic movement)은 자연적 은사보다는 초자연적 은사에 집중함으로 은사 개념(은혜의 현현으로써)을 축소해 버리는 오류를 낳았습니다. 이와 달리 칼뱅은 은사의 개념을 성령론에만 한정시키지 않으며 기독론적이며 구원론적이고 또한 교회론적으로까지 광범위하게 확장시켜 이해하는 성경적인 시각을 제공합니다.[331]

(3) 정리하며

20세기 초반부터 시작된 오순절 운동의 발현은 근본적으로 교회 안에 터부시되었던 은사와 사역을 재활성화시키고자 했던 간절한 욕망에서부터 시작되었습니다. 그러므로 오순절 운동의 동기는 건강하고 균형 잡힌 교회론과 성령론의 재확립에 있다고 볼 수도 있습니다. 그러나 건전한 신학이 기반되지 않았던 오순절 운동은 중생 이후에 또 다른 성령세례를 주장한다거나, 제2의 축복 신학을 강조함으로 결국 교회론과 성령론 자체에 심각한 왜곡을 야기시켰습니다.

성령의 신학자 칼뱅의 신학은 20세기 오순절주의자들에게도 성경적 지표를 균형있게 제공해 줄 수 있습니다. 그는 성령을 능력이나 은사라는 제한된 틀로써만 바라보지 않고, 삼위일체적으로 보았으며, 비성경적인 두 번째 축복으로서의 성령세례 개념도 부인합니다. 오순절주의자들의 성령론에 국한된 협소한 은사 이해는 칼뱅의 주장과 같이 훨씬 더 폭넓은 시각에서 재조명되어야 마땅합니다.

<요약>

1. 교회사 전체에서 18세기까지는 건전한 성령론이 유지되었는데, 이는 성령이 성부와 성자로부터 (   )을 받았고, 성령을 (   )와 분리시키지 않았다는 점입니다.

2. 고전적 오순절주의자들은 중생 이후에 (   )라는 특별한 단계를 추가하여 성령을 (   )의 성령과 (   )의 성령으로 이분화하는 오류를 초래하였습니다.

3. 신오순절 운동도 성령세례를 강조하지만, 반드시 방언을 동반한다기 보다는 이를 포함한 각종 은사를 더욱 강조한다는 측면에서 '은사주의 운동'(the Charismatic Movement)이라고도 부릅니다.

4. 제3의 물결은 성령세례보다는 (   )이라는 단어를 선호하였지만, 그럼에도 불구하고 여전히 능력치유, 귀신 축출, 표적과 기사를 강조함으로 '제2의 축복 신학'을 벗어나지 못했습니다.

5. 성령충만은 반드시 (   )으로 인도합니다. 성령의 조명이란 꿈, 환상, 개인의 체험이 아닙니다. 말씀이야말로 하나님께서 그의 백성들에게 성령의 조명하심을 베푸시는 (   )입니다.

6. 오순절 은사주의자들과 달리 칼뱅은 성령을 도구로 인식하지 않고 (   )적으로 이해했습니다.

7. 은사주의 운동은 교회 안에서 은사의 활성화에 기여한 것처럼 보이나 실상은 초자연적인 은사에만 집중함으로써 은사 개념을 축소시키는 결과를 초래했습니다.

〈나눔을 위한 질문〉

1. 신앙생활을 하면서 간절히 얻기를 원했던 은사가 있나요? 그것을 구했던 이유는 무엇인가요?

2. 오순절 계통의 교회가 비성경적인 부분이 있지만 찬송이 뜨겁고 성도들이 적극적으로 예배에 참여하며 기도생활을 강조하는 모습에서 도전을 주기도 합니다. 오순절의 왜곡된 성령론이 아니라 자칭 바른 진리를 가지고 있다는 진영에서 회복해야 할 영역은 무엇이라고 생각하나요?

3. 신오순절 운동에서는 신약 성경시대에는 있었지만 지금은 사라진 은사들(방언, 치유, 선지적 예언 등)을 간구함으로 회복시켜야 한다고 주장합니다. 능력으로서의 초자연적 은사가 회복되어야 할 영역이라고 생각하나요?

4. 지적이거나 이성적인 직업군에 있는 사람들(ex. 교수, 학자) 중에서 의외로 신비주의적인 체험이나 은사주의에 매료되어 있는 이들을 종종 보게 됩니다. 그 이유는 무엇 때문일까요?

5. 오순절 교회들이 성령의 사역을 강조하거나 성령의 능력에만 관심을 갖는 이유는 무엇일까요? 바른 성령론의 회복을 위해서 성령을 삼위일체적으로 이해한다는 것은 무엇일까요?

6. 중생 이후 두 번째 축복(the second blessing)을 받기 위해서 성령세례가 반드시 필요하다는 주장의 가장 큰 문제는 무엇인가요? 신약 성경이 말하는 성령 세례의 개념에 대해 서로 나눠봅시다.

7. 성령세례 교리를 강조하다보면 왜 은혜 교리가 무너질 수밖에 없나요? 은사는 사람 편에서 사모함으로 구해지는 것인가요 아니면 하나님의 주권적인 선물인가요?

제 2 장

성화와 은사

제 2 장

성화와 은사

1. 창조론과 섭리론적 관점

(1) 하나님의 다스리심

우리는 앞서 피조 세계를 위한 하나님의 창조행위를 창조, 섭리, 일반은총의 측면에서 살펴보았으며, 이것이 하나님께서 인간을 향한 선물 주심(은사)임을 살펴보았습니다. 여기서는 하나님의 창조 활동과 섭리가 신자의 성화와 어떤 관련이 있는지를 설명하고자 합니다.[1]

첫째, 피조물이 하나님께 복종하고 있다는 것은 하나님이 피조물을 다스리시기에 충분한 능력이 있음을 신자들로 하여금 일깨워 믿음의 확신 가운데 거하게 하며, 결국 죄와 고통과 두려움을 이길 힘을 공급합니다. 신자들도 삶에서 온갖 자연재해나 사고, 원수들의 공격으로 고통당할 수 있습니다. 그러나 이 모든 일이 우연히 일어나 신자들을 파괴하는 것이 아니며, 하나님은 모든 것을 통제할 만한 능력을 가지고 계신 분이십니다.[2] 이 사실은 하나님을 향한 우리의 믿음을 더욱 공고히 만들어 줍니다. 예로부터 불신자들은 커다란 자연재해를 겪을 때마다 피조물을 향한 미신적인 두려움에 휩싸인 채 두려워해야 할 하나님을 두려워하지 않고 피조물을 섬겼습니다. 그러나 신자들은 온 우주를 섭리로 다스리시는 하나님을 확신할 때 헛된 우상이 아니라 하나님만을 섬길 수 있는 믿음을 얻게 됩니다. 실제로 16세기 제네바에 흑사병이 창궐하여 수많은 사람들이 임박한 죽음 앞에 두려워할 때 칼뱅은 제네바 목사회의 회원들에게 병들어 두려움에 빠진 교구의 성도들을 어떻게 돌봐야 할지 구체적인 조언을 아끼지 않았습니다.[3]

둘째, 이러한 돌보심 가운데 신자는 완전한 보호와 안식을 누릴 수 있게 됩니다. 작은 참새 한 마리조차 하나님의 허락 없이 떨어지는 일이 없으며, 그분의 명령 없이는 비 한 방울도 내릴 수 없습니다.[4] 이 모든 일이 하나님의 지배를 받고 있다면 하나님의 양자가 된 신자들이 그분의 다스리심과 보호하심을 받는 것은 당연한 일이 아닐까요? 칼뱅은 인간사에 관여하시는 하나님의 섭리가 자신의 어려운 상황을 어떻게 견뎌내며 이기게 해주는지 다음과 같이 설명합니다.

> 세상에서 부자와 가난한 자가 서로 섞여 있지만, 그들 각자의 형편은 하나님께서 지정해 주시는 것이며, 모든 이들에게 빛을 비추어 주시는 하나님께서는 결코 맹목적이지 않으시다는

의미이다. 그리하여 솔로몬은 가난한 자들에게 인내할 것을 권고한다. 자기들의 몫에 대해 만족하지 않는 자들은 하나님께서 지워주신 짐을 벗어버리려 하기 때문이다.[5]

이러한 보호하심 가운데 있는 신자들은 어떠한 형편에 처하든지 하나님을 신뢰하며 거룩을 향해 나아가게 됩니다. 불신자들은 가난하고 자랑할 만한 것이 없을 때 하늘을 원망하며 처지를 한탄하지만, 신자들은 각자의 형편이 하나님께서 지정해주시며 하나님은 결코 맹목적인 분이 아니라는 것을 알기 때문에 모든 상황을 인내로 견딜 수 있는 힘을 공급받습니다. 그러므로 신자들은 피조 세계를 은사로 주신 하나님의 뜻과 계획을 깨달을 때 세상의 이치와 순리에 맹목적으로 순응하거나 원망하며 살아가는 대신, 창조주의 목적과 뜻에 부합한 삶에 자기 자신을 맡기는 성화의 삶을 살 수 있게 됩니다.[6]

셋째, 신자들은 하나님의 섭리를 믿음으로 받아들일 때, 죄악을 깨닫고 회개하게 됩니다.[7] 칼뱅은 하나님의 섭리를 일반 섭리와 특별 섭리뿐 아니라 신자들을 위한 "매우 특별한 섭리"로 설명합니다.[8] 매우 특별한 섭리란 신자들과 교회에 미치는 섭리인데, 하나님께서는 죄만 좇는 이들에게 초자연적인 은혜의 선물을 주시어 성령께 순종하는 자들로 고쳐주셨기에 거룩한 삶을 살아갈 수 있습니다.[9] 만약 하나님의 매우 특별한 섭리인 그의 은혜를 선물로 주지 않으신다면 사람들은 결코 죄를 회개하며 거룩을 향한 결단을 할 수 없을 것입니다.

(2) 타락한 문화의 회복

하나님은 피조 세계를 창조하고 섭리로 유지하며 다스리실 뿐 아니라, 일반은총의 측면에서 인간 안에 자연적 합리성을 선물로 남겨두어 피조물을 다스리게 하셨습니다. 그리스도를 알지 못하는 자들은, 하나님께서 나눠 주신 선물을 자신의 것인 양 착각하여 죄의 도구로만 사용하지만, 신자들은 온 피조 세계가 하나님께서 그의 백성을 위해 주신 선물임을 깨닫습니다. 비신자와 신자가 함께 어울려 살아가는 일반은총의 영역에서 문화가 타락하게 되면 이 세속 문화의 공기를 마시고 살아가는 신자들의 삶 역시 타락할 수밖에 없습니다. 그러므로 문화의 세속화를 막고 하나님의 창조원리에 부합하도록 이를 회복시켜야 신자의 삶은 더욱 거룩해질 것입니다. 인간은 존재 근원이 어디서부터 왔는지를 바로 알아 이 세상을 만들어 주신 하나님 한 분만을 향유(frui)해야 하며, 다른 모든 것들은 하나님을 향유하기 위한 목적으로 이용(uti)해야 합니다.[10] 이와 같이 이 세상의 것을 잘 이용하여 하나님만을 즐거워하는 삶은 신자의 성화와 직결되어 있습니다.

재세례파(the anabaptist)와 급진주의자들은 타락한 피조 세계의 악함으로부터 도피해야 거룩할 수 있다고 생각했는데, 그들에게 세속 질서는 구원의 영역 바깥에 있는 것이었습니다.[11] 그러나 칼뱅은 이와 같은 사상을 거부합니다. 그의 신학 사고 전반에는 '분리가 아니라 구별됨'(distinction without separation)이라는 공식이 있습니다. 칼뱅은 개혁교회가 가톨릭교회라는 옛 교회를 부정함으로써 분리됨을 주장하는 것이 아니라 이와 구별됨으로 교황권 및 그의 분파에 의해 거의 멸절된 교회를 갱신하고자 애썼습니다.[12] 이와 같이 "분리되지 않고 구별됨"의 원칙을 창조의 관점에 적용하면, 타락한 피조 세계를 분리하지 않고 회복하는 것이야말로 진정한 종교개혁이며, 성경적 구원은 창조 질서 전체를 대상으로 하게 됩니다. 인간들은 타락한 피조 세계를 향하여 악함과 증오의 깃발을 들지만 칼뱅은 창조의 아름다움을 강조함으로써 타락의 교리를 부드럽게 만들었습니다.[13] 이런 측면에서 칼뱅은 부(富)가 가져오는 위험성을 인지했지만 인간적인 사회 조직조차 하나님의 질서 가운데 있기에 부를 나쁘게 평가하는 것은 하나님을 모독하는 것으로 여겼습니다.[14]

칼뱅은 일반은총으로 주어진 피조 세계가 신자의 성화와 어떤 관련이 있는지 다음과 같이 말합니다.

> 성경은 땅의 소산이 하나님의 특별한 선물임은 물론 "사람이 떡으로만 사는 것이 아님"을 말씀하고 있다. 사람을 양육시키

는 것이 풍성한 떡 그 자체가 아니고 하나님의 은밀하신 축복에 있기 때문이다.[15]

하나님께서 땅의 소산을 주시어 인간의 육체를 강건케 하는 것이 자연스러워 보이나, 하나님의 은밀하신 축복이 없다면 먹는 자에게 아무런 유익이 없을 것입니다. 이와 마찬가지로 신자들에게는 눈에 보이지 않는 하나님의 보살핌과 섭리가 있기에 성화의 축복을 누리며 살아갈 수 있습니다.

신자들은 하나님이 주신 선물을 목적에 맞게 사용할 때 거룩한 삶을 살 수 있으며, 그런 측면에서 하나님이 각자에게 정해 주신 일과 사명에 따라 사는 것이 소명입니다.[16] 도시에서 살면서 사회와 문명까지도 구원시키는 것이 무엇을 의미하는 것일까요? 가톨릭의 수도원 운동과 같은 급진적인 해석은 모두 세상을 경멸하면서 성과 속을 구분하였습니다. 그러나 주어진 소명을 따라 살아가면 그것이 아무리 하찮고 천할지라도 하나님 보기에는 찬란하고 고귀합니다.[17] 이런 측면에서 일상의 신학은 칼뱅에게 무엇보다도 중요한 주제였으며, 그가 끼친 영향력은 정치, 과학, 교육, 문화의 지형을 바꾸었습니다. 그러므로 성령 충만한 삶이란 일상의 변화로도 규정할 수 있습니다.[18] 칼뱅의 신학은 죄로 물든 이 세상을 비판적으로 바라보지만, 동시에 회복해야 할 하나님의 피조물로 긍정합니다. 이것은 자연과 일반계시라는 일상의 영역에서 그리스도와 복음을 찾으려는 사고 때문입니다. 칼뱅에게 경건은 우리를 사색으로만 빠지게 하는 것이 아닙니다. 신앙은 하나님의 말씀과 그분의 현존이라는 실제를 향하도록 만듭니다. 과학과 예술에 대한 칼뱅의 관심은 학문적인 것이 아니라 경건의 일부였습니다.[19] 노동도 마찬가지입니다. 노동은 비천한 자와 가난한 자의 전유물이 아닙니다. 사회적 지위로 인해 귀족들은 결코 일하려 들지 않았지만, 하나님의 정원인 이 땅에서 각자의 재능을 가지고 노동하는 것은 하나님께서 모든 인간을 동등하게 창조하셨다는 것을 다시 한번 상기시킵니다.[20]

지금까지 논의를 종합해 보면, 칼뱅은 하나님께서 은사로 주신 일반계시의 영역 속에서 신자가 자신의 소명을 따라 부르심의 위치에서 세속화된 문화를 변화시킴으로써 세상 속에서 거룩에 도달할 수 있다고 주장합니다.

〈요약〉

1. 칼뱅은 섭리를 ( )섭리, ( )섭리, (   )섭리로 설명합니다.

2. 문화가 세속화되는 것을 막고 하나님의 창조원리에 부합하도록 회복시키는 것은 신자의 거룩을 이루는 일에 직결됩니다.

3. 이 세상의 것을 잘 (   )함으로써 하나님을 (   )하는 것이 성화의 삶입니다.

4. 창조와 구속의 두 영역이 있는 것이 아니라, '분리되지 않고 (   )'이라는 원칙을 적용하면 교회는 창조세계의 구속된 부분일 뿐입니다.

5. 세속문화는 버려야 할 세상이 아니라 하나님의 피조물로서 ( )해야 할 긍정적인 차원을 동시에 지니고 있습니다.

〈나눔을 위한 질문〉

1. 사고나 재해로 고통 가운데 있을 때 그것이 오히려 하나님만을 섬기는 계기가 된 적이 있나요?

2. 가난한 처지를 한탄하고 원망한 적이 있나요? 어려운 상황을 하나님께서 내게 지워주신 짐으로 여겨 인내할 수 있는 믿음에 대해 나눠봅시다.

3. 여러 대안적 공동체가 세상 질서에 실망한 나머지 거기로부터 도피할 때 진정한 거룩에 도달한다고 생각하는데, 이들의 가장 큰 문제는 무엇인가요?

4. 상당수 기독교인들은 부(富)를 부정적으로 평가합니다. 이에 반해 부를 부정적으로 여기는 것은 하나님을 모독하는 것이라는 칼뱅의 관점에 대해 나눠봅시다.

5. 많은 사람들은 젊을 때 부를 축적해 노후에 아무 일도 하지 않고 편하게 사는 것을 목표로 하는데(FIRE 족) 신자들도 이에 동조할 때가 많습니다. 노동은 비천한 자와 가난한 자의 전유물인가요? 성경적 노동관에 대해 나눠봅시다.

6. 일상신학의 차원에서 성령충만을 칼뱅은 어떻게 설명하나요? (엡 5:18 이하) 일상은 그대로인데 교회 생활만 바뀌었다고 그를 성령충만하다고 말할 수 있을까요?

2. 인간론적 관점

(1) 하나님의 형상의 회복

인간의 타락에도 불구하고 하나님은 당신의 형상을 완전히 빼앗지 않고 흔적(lineaments)과 잔여물(remnant)인 자연적 은사를 남겨주셨는데, 그것은 인간을 향한 하나님의 최고의 선물 중 하나입니다.[21] 그러나 자연적 은사만으로는 인간이 처하게 된 형편과 상황을 객관적으로 바라볼 수 없으며, 온전한 하나님의 은혜도 맛볼 수 없습니다. 아무리 인간이 하나님께로부터 주어진 자연적 은사로 뛰어난 지식, 부, 명예까지 누린다 하더라도 궁극적으로 하나님 안에서만 참 안식과 평안을 누릴 수 있습니다.

인간론적 측면에서 은사와 성화에 대한 논의에 있어서 중요한 것은 '하나님의 형상' 회복입니다. 최초에 아담에게 주어진 하나님의 형상은 창조주 하나님께서 베푸신 특별한 은사입니다.[22] 타락으로 말미암아 하나님의 형상은 거의 제거되다시피 하여 오염된 것밖에는 남지 않았는데 이런 기형이 된 하나님의 형상을 회복하는 방법에 대해 칼뱅은 다음과 같이 말합니다.

> 바울은 신자들이 그리스도께로부터 받는 "살려 주는 영"과 아담이 창조함을 받아 지니게 된 "생령"을 대조하면서(고전

15:45) 중생에 더 풍성한 분량의 은혜가 있음을 찬양하면서도, 다른 중요한 사실, 즉 중생의 목적이 그리스도께서 우리를 하나님의 형상으로 변화시키는데 있다는 사실을 간과하지 않는다.[23]

잔존되어 있는 하나님의 형상은 단지 택자들에게만 있는 것은 아니며 모든 이들에게 남아 있습니다.[24] 그럼에도 불구하고 인간의 지혜는 하나님의 형상의 부패로 말미암아 그분의 어리석음에조차 미치지 못합니다. 이런 측면에서 하나님의 형상을 따라 창조되었다는 실재는 전적으로 하나님께 의존하고 있음을 반증합니다.[25] 그러므로 하나님의 형상 회복은 단지 인간이 그것을 소유하는 것에 지나는 것이 아니라 올바른 영적 관계를 회복하는 것입니다. 중생의 은혜를 통해 하나님의 형상을 회복하는 것이 곧 성화의 길이 됩니다.

(2) 이웃 사랑

그리스도께서 우리를 사랑하신 것처럼 이웃을 섬기는 것이야말로 하나님의 형상으로 그들을 대하는 것입니다. 비천하여 배우지 못한 자이거나 자신을 상하게 한 자일지라도 그 안에 하나님의 형상이 빛나고 있습니다.[26] 칼뱅은 인간 안에 남아있는 하나님의 형상을 밤하늘에 반짝이는 별빛으로 비유하는데, 밤이 칠흑같이 캄캄하지 않은 까닭은 적어도 일정 정도의 별이 있기 때문이라고 하였습니다.[27] 하나님의 형상이 아무리 어두워진다 해도 완전히 사라지는 것은 아니기 때문에, 하나님의 희미한 형상을 지닌 인간이 서로를 죽이는 일은 하나님의 형상을 파괴하는 행위입니다.[28] 타락한 인간은 이기적 존재가 되었지만, 원수조차도 하나님의 피조물이기에 그들을 사랑하는 것이야말로 무질서를 질서로 회복시키는 성화의 사역입니다. 칼뱅은 신자들이 이웃을 사랑해야 할 이유를 다음과 같이 설명합니다.

> 우리는 각 사람이 소유한 것이 그저 우연히 그 사람에게 주어진 것이 아니라 지극히 높으신 만유의 주께서 분배해 주신 것이라는 점을 생각해야 한다. 그렇기 때문에, 다른 사람의 소유를 악한 방법으로 빼앗게 되면 그것은 하나님의 분배하심을 사기로써 무시하는 것이 되는 것이다.[29]

각 사람의 재산은 하나님께서 특별한 목적으로 자신의 것을 나누어주신 결과이므로, 다른 사람의 소유를 악한 방법으로 빼앗거나 도둑질하는 것은 하나님의 분배를 거역하는 행위입니다. 하나님은 우리 주변의 이웃을 통해 당신의 주장을 요구하시며 우리에게 의무를 지우십니다. 서로가 싸우며 손해를 입히는 것은 인간 안에 새겨진 하나님의 형상을 거역하며 전쟁을 일으키는 것과도 같습니다.[30]

또한 신자가 이웃을 사랑해야 하는 이유는 이웃 안에 현존하는 그리스도의 형상 때문입니다.[31] 신자들이 받은 가장 큰 선물은 그리스도 자신입니다. 그분은 하나님을 한 아버지라고 고백하는 다른 이웃들 안에도 거하십니다. 그러므로 신자들이 이웃을 바라보는 것은 그 안에 계신 하나님의 형상인 그리스도를 대면하는 것이며, 이것은 그리스도께서 지극히 작은 자 하나에게 한 것이 나에게 한 것이라고 말씀하신 것을 상기시킵니다(마 25:45). 인간의 관점에서 차마 사랑할 수 없는 사람조차 사랑할 수 있는 것은, 우리 의지의 결단과 노력 때문이 아니라 전적인 하나님의 은혜의 선물로 가능한 것입니다. 모세에게 주신 두 개의 율법 판은 서로 다른 판이 아니라 하나로 되어 우리에게 주어진 것처럼, 하나님을 사랑하는 것이 그 안에 하나님의 형상이 담긴 이웃을 사랑하는 것과 양분될 수 없습니다. 우리와 이웃들 안에 존재하는 하나님의 형상을 바라볼 때 신자들은 거룩을 향한 발걸음을 내딛을 수 있습니다. 하나님의 형상으로 창조되었다는 것은 어떤 자질이나 기능이 아니라 하나님의 은혜에 꾸준히 응답하여 이웃을 사랑하고 섬기는 삶을 의미합니다.[32]

(3) 죄의 억제

하나님께서 일반은총의 차원에서 허락하신 지성은 죄를

억제하는 기능이 있어 성화의 길로 우리를 안내합니다. 하나님은 지성을 허락하시어 문명과 문화를 일구도록 하셨으며, 법과 제도를 만들어 죄를 억제하게 하셨습니다. 죄의 억제를 통해 신자들은 성화를 향한 또 다른 걸음을 뗄 수 있습니다.

내세에 대한 소망 없이 살아가는 이들에게 현세의 유익 외에 어떤 소망이 있겠습니까? 그들에게는 악을 행해서라도 호의호식하는 삶이 인생 최고의 목적일 수밖에 없습니다. 그러나 인간에게 지성과 이성이 선물로 주어져 이 땅보다 더 큰 영광을 사모하는 길이 열리고, 최종 목표인 천국 생활을 기대하며 묵상하게 합니다. 비록 온전하지는 않지만 하나님의 형상이 회복된 자들은 죄를 억제하며 창조 질서를 회복하는 성화의 삶을 살게 됩니다. 또한 하나님의 형상이 회복되면 죄로 가득한 현세가 아니라 내세를 향한 소망을 붙잡고 살아갑니다.

그리스도인들에게 있어 죄의 억제란 개인의 성화에만 머물지 않습니다. 거짓 교리에 타협하지 않고 복음의 순수성을 회복하는 것은 교회의 성화와 긴밀한 관련이 있으며, 사회 제도를 바로 세워나가는 정치적 성화에도 영향을 미칩니다. 세속 학문과 문화가 비록 중생하지 못한 자들의 행위로 말미암았다 하더라도 이를 거부하고 경멸하는 것은 하나님의 영을 훼손하는 것과 같습니다.[33] 왜냐하면 세속적 문화 행위를 통해서도 하나님은 죄를 억제하고 선한 뜻을 이루어 가시기 때문입니다. 그러므로 이 모든 선물을 단지 개인의 유익을 위해서만 사용하는 것이 아니라 하나님께 영광이 되도록 선용할 때 신자는 거룩을 향해 더욱 정진하게 됩니다.[34]

〈요약〉

1. 죄로 인해 기형이 된 하나님의 형상을 회복하는 유일한 방법은 ( )을 통한 올바른 영적 관계의 회복뿐입니다.

2. 우리에게는 원수일지라도 하나님께는 그의 질서 가운데 피조된 존재이기에, ( )이야말로 무질서를 질서로 회복시키는 성화의 사역입니다.

3. 다른 사람의 소유를 악한 방법으로 빼앗거나 도둑질하는 것은 하나님의 ( )를 거역하는 행위에 해당합니다.

4. 신자가 이웃을 사랑해야 하는 이유는 이웃 안에 현존하는 ( )의 형상 때문입니다. 그리스도께서는 우리 안에 계실 뿐만 아니라, 하나님을 한 아버지라고 고백하는 다른 이웃들 안에도 거하십니다.

5. 하나님의 형상이 회복된 자는 현세가 아니라 ( )를 향한 소망을 붙잡고 살아갑니다.

<나눔을 위한 질문>

1. 세상적 부나 명예를 누리는 사람들 중에도 극단적인 선택을 하는 경우를 신문지면상에서 종종 보게 됩니다. 오직 하나님 안에서만 안식이 있다고 고백했던 아우구스티누스의 고백이 마음에 와 닿았던 경험이 있다면 나눠봅시다.

2. 탐관오리들의 부를 빼앗아 가난한 자들에게 나눠주는 의적이 인간의 생각에는 옳아 보일지 몰라도 하나님의 뜻에 반하는 이유는 무엇 때문일까요?

3. 신자가 천국을 바라고 소망한다는 것은 단지 죽고 나서 막연히 들어가게 될 천국행 티켓을 얻은 것이 아닙니다. 평소 천국의 더 좋은 생활에 대한 묵상이 있나요? 그런 경험이 있다면 나눠봅시다.

4. 비신자들의 세속 문화 행위를 통해서도 하나님은 뜻을 이루어 가십니다. 그렇다면 신자들의 삶은 비신자들의 행위에 어떤 것이 더해져야 할까요?

5. 신자의 성화가 개인의 성화 뿐 아니라 교회의 성화, 정치적 성화의 영역으로 확대되기 위해 내가 할 수 있는 일들을 나눠봅시다.

3. 기독론적 관점

아담이 타락하기 전에 지녔던 온전한 하나님의 형상은 오직 그리스도만이 가지고 계십니다.[35] 하나님의 형상을 가진 예수의 아들 되심은 신자의 성화와 특별한 관계가 있습니다. 신자가 하나님으로부터 받는 선물은 여러 가지가 아니라 오히려 하나뿐인데 그것은 바로 예수 그리스도이십니다.[36] 우리는 그리스도께서 하나님으로부터 받으신 선물들을 단지 그분께 연합함으로 누리게 됩니다.[37] 하나님께서 그 아들을 선물로 주신 것은 율법으로 말미암아 저주받아 마땅한 자들을 속량하시기 위함입니다(갈 4:4-6).[38] 신자들은 그리스도로부터 "살려주는 영"을 받아 새 생명을 얻습니다.

성화는 우리가 받아야 할 은사입니다. 이는 성화를 이루기 이전에 그리스도께서 자기 성화를 먼저 이루셨음을 의미합니다. 신자가 더 이상 거룩함을 얻기 위한 속죄 제사를 드릴 필요가 없는 것은 그리스도께서 유일하고 참된 제사를 드리셨기 때문입니다.[39] 여기서는 기독론적 관점에서 신자에게 부여된 은사가 성화와 어떤 관계를 맺고 있는지, 그리스도와의 연합, 그리스도의 삼중직과 그분의 높아지심과 낮아지심이라는 측면에서 살펴보고자 합니다.

(1) 그리스도와의 연합

기독론적 측면에서 살펴본 은사가 신자의 성화와 관계를 맺는 것은 성화가 그리스도와의 연합에 기초하기 때문입니다. 신자가 누리는 모든 유익은 그리스도와의 연합 안에서 일어납니다. 우리가 그리스도의 죽음에 참여할 때 옛 사람이 십자가에 못 박혀 그리스도와 함께 죽고, 부활에 참여할 때 그분과 함께 일으킴 받습니다.[40] 신자는 믿음의 행위를 통해 그리스도와 연합하는 것 같아 보이지만 실제로 그리스도와의 연합은 구원의 적용에 있어 어느 한 시점으로 이해되어서는 안 됩니다. 이것은 이미 영원 전에 선택을 통해, 그리고 현재 효력 있는 부르심, 칭의, 성화, 앞으로 주어질 영화를 통해 지속적으로 일어나는 사건이기 때문입니다.[41] 칼뱅은 그리스도와 함께 연합되는 것이 얼마나 중요한지를 다음과 같이 강조합니다.

> 우리의 구원의 총체가, 그리고 그 각 부분이 그리스도 안에 있다는 사실을 안다면(행 4:12), 아무리 작은 부분이라도 그것을 그 이외의 다른 곳에서 이끌어오는 일이 없도록 경계를 다해야 할 것이다. … 만일 우리가 성령의 다른 은사들을 구한다면, 그리스도의 기름 부으심에서 그것들을 찾게 될 것이다. 힘을 구한다면, 그것은 그리스도의 다스림에 있다. 순결을 구한다면, 그의 잉태되심에서 찾으며, 온유함을 구한다면 바로 그의 탄생에서 나타날 것이다. … 요컨대 모든 종류의 선이 그에

게 풍성하게 구비되어 있으므로, 다른 샘을 구하지 말고 바로 이 샘에서 마음껏 마시자는 것이다.[42]

이것보다 그리스도가 성화를 위해 자신을 우리에게 선물로 주셨다는 것을 더 분명하게 보여주는 고백이 있을까요? 예수는 우리에게 선물로 오셔서 지혜와 의로움과 거룩함과 구원의 능력이 되셨습니다(고전 1:30). 그리스도는 성화의 중보자이시며 하나님의 형상을 회복시켜 주시는 분이십니다. 그리스도와의 연합이 신자의 성화와 어떤 관계를 맺는지 월레스는 다음과 같이 말합니다.

그리스도와 연합되어 있는 그리스도의 몸의 지체들은 그리스도의 삶 속에서 이루어진 죽음과 부활의 모형과 비슷한 모형으로 그들의 역사적 생애와 궁극적 운명을 빚어내는 특별한 섭리 아래 있다. 심령 속에서 역사하는 그리스도의 영향력을 통해서 뿐만 아니라, 이같은 방식으로도 그들의 삶이 그리스도의 형상을 닮게 된다. 칼빈은 성경에 말씀되어 있는 대로 '그리스도의 죽음과의 이중의 닮기'에 대해 말하고 있는 것이다. 우리는 내면적 갱신을 통해서 뿐만 아니라 '치욕과 고통들 가운데서' 그리스도를 닮게 되는 것이다.[43]

그리스도와 연합된 지체들이 그리스도를 닮아가는 것은 결코 내면의 작용으로 끝나지 않습니다. 차마 견딜 수 없는 고통과 유혹 속에서도 그분으로부터 주어지는 힘을 공급받아 거룩의 길을 걸을 수 있습니다. 그리스도께 연합되었다는 것은 다양한 은사를 가진 여러 지체들이 그리스도를 머리로 하는 하나의 유기체적 몸이 되었음을 의미합니다. 그리스도께서는 그의 몸인 교회의 유익을 위해서 각 사람들에게 다양한 은사를 허락하신 동시에 그들을 다시 하나로 모아 서로를 분리시키거나 차별하지 않고 진정으로 하나되게 하십니다. 비록 여전히 죄 가운데 악을 행하는 자들이지만 그들을 향해 "너희는 그리스도의 몸이요(고전 12:13)"라고 말할 수 있는 것은 그리스도와 연합한 신자들을 하나님의 거룩한 자녀로 칭하여 주셨기 때문입니다.

(2) 그리스도의 삼중직

삼중직 중 선지자직과 관련하여 칼뱅은 그리스도를 모든 선지자의 머리로서 이해하는데, 이는 그리스도께서 주신 말씀이 그 어떤 선지자들의 지혜보다 완전하기 때문입니다.[44] 하나님은 구약 시대에 선지자들을 통해 말씀하셨으나 마지막에는 아들인 그리스도를 통해 말씀하십니다. 하나님의 말씀에 순종하지 않은 자들은 진노를 받아야 하지만, 하나님께서는 선지자들의 예언을 주시어 회심을 촉구하십니다.[45] 그리스도께서는 어두운 영혼을 하나님의 말씀으로 밝혀 회심케 하시는 선지자장이십니다. 또한 회심한 자들의 삶에는 반드시 죽이는 일(mortification)과 살리는 일(vivification)이 일어납니다. 죽이는 일이란 죄를 깨달아 육체의 악행과 옛 사람의 행태를 벗어버리는 것이며, 살리는 일이란 믿음을 통해 생기는 위로(consolation)를 말합니다.[46] 그리스도의 선지자직은 복음의 선포와 연관하여 그리스도께서 주신 말씀의 은사입니다.[47] 그러므로 하늘의 선물 주심이 없이는 그리스도께서 어떤 분이신지를 깨달을 수 없으며, 우리가 그리스도를 믿을 수 있는 은혜 역시 그리스도의 선지자직 수행에 근거합니다.[48] 그리스도께서 선지자직을 수행하신 것이 결국 회심을 가능케 하며, 그것은 우리 삶에서 죽이는 일과 살리는 일을 일으키게 하는 근원이 됩니다. 즉 그리스도의 선지자직은 신자의 성화의 삶을 촉발하는 요인이 됩니다.

또한 신자의 성화는 그리스도께서 죽음을 통한 제사장 직분을 감당하신 것과 밀접한 관련이 있습니다. 제사장직에는 화해(reconciliation)와 중재(intercession)라는 두 가지 측면이 있습니다.[49] 칼뱅은 아론과 멜기세덱을 예로 들어 그리스도의 대제사장직을 다음과 같이 설명합니다.

> 제사장직은 오직 그리스도께만 속하는 것이다. 왜냐하면 그의 죽으심의 제사를 통해서 그가 우리 자신의 죄책을 제거하셨고 우리 죄를 대신 만족시키셨기 때문이다.… 우리의 대제사장이신 그리스도께서 우리의 죄를 씻으신 다음 우리를 거룩하게 하시고, 또한 우리가 범죄와 악행들로 인하여 얻지 못했던 은

혜를 우리를 위하여 얻으시지 않는 한, 우리나 혹은 우리의 기도들은 결코 하나님께로 나아갈 수가 없기 때문이다.[50]

그리스도께서는 자발적 선물이 되셔서 스스로는 하나님께 나아갈 수 없는 자들을 중재하십니다. 은혜의 방편으로 기도가 주어졌지만 그 기도가 상달되는 것은 오직 그리스도께서 중재자의 역할을 감당하실 때에만 가능합니다. 그렇지 않다면 우리 기도는 모두 땅에 떨어질 것이며, 죄와 세상의 유혹에 넘어져 성화의 삶을 살 수 없게 됩니다. 그리스도께서는 신자들이 하나님 앞에 거룩한 존재로 설 수 있도록 그의 피로 씻어주시기에 신자들은 날마다 회개의 참된 열매를 맺을 수 있습니다.

마지막으로, 그리스도께서는 왕직을 통해 그의 백성을 영적으로 풍성하게 하십니다. 하나님 나라에 속한 자들은 세상의 풍요로움을 보장받는 방식으로 복을 받는 것이 아니라, 영적 유익인 성화의 삶을 누리게 됩니다.[51] 칼뱅은 그리스도의 삼중직과 성화의 상관관계를 설명하면서 성화의 기원, 완성, 그리고 실현까지도 그리스도의 왕적 직무에 근거를 둡니다.[52] 그리스도께서 이 땅을 왕으로 통치하심으로 신자들은 거룩한 삶의 첫 걸음을 뗄 수 있는 동시에, 그것을 실현할 수 있는 능력과, 마지막 날에 완전하게 이루어질 영광의 기쁨에 대한 소망도 가질 수 있습니다.

그리스도께서는 신자들에게 재물, 안정된 삶, 육체적 쾌락 대신 영혼의 구원을 위해 필요한 성령의 은사들을 허락하십니다.[53] 또한 보좌 우편에서 왕직을 수행하심으로써 다스리실 뿐 아니라 신자들을 보호하고 도우십니다.[54] 신자들은 세상의 위협과 고난에 두려움을 느낄 수 있습니다. 그러나 그리스도께서 지금 왕으로 다스리고 계시며 최후 심판을 수행하실 분이심을 믿는 믿음은 신자들에게 소망과 큰 위로를 줍니다. 이는 신자로 하여금 좁고 협착한 신앙의 길을 걸어갈 수 있는 힘과 용기를 얻게 합니다.[55] 또한 그리스도께서 왕으로서 무장하셨다는 것은 무수한 위협 속에서도 교회가 영원토록 보호받을 것을 보장합니다.[56] 그리스도께서는 이 모든 일에 기쁨으로 복종하는 자들을 위하여 왕의 임무를 수행하심으로, 신자들에게 그리스도를 더욱 복종케 하는 성화의 삶을 살게 하십니다.[57]

(3) 그리스도의 낮아지심과 높아지심

그리스도께서는 낮아지심과 높아지심을 통해 다양한 은사를 교회에 베푸시고 온갖 해로운 것으로부터 교회를 지키십니다. 칼뱅은 그리스도의 승천이 신자의 성화에 미치는 영향을 세 가지로 설명합니다.[58] 첫째, 아담에 의해 막힌 천국 문을 여심으로 그리스도 안에서 이미 하늘을 소유한 거룩한 자로 만드셨습니다. 신자들이 이 땅을 살아가면서 죄가 주는 쾌락을 억제하며 유일한 행복을 하늘에 둘 수 있는 것도 승천하신 그리스도 때문입니다. 칼뱅은 그리스도께서 승천하신 목적을 다음과 같이 말합니다.

> 곧 그가 죽은 자 가운데서 부활하신 것은 이 땅에서 어슬렁거리기 위해서가 아니라 하늘의 생활에 들어가셔서 신자들을 자기에게로 끌기 위해서였다. 한 마디로 이 말씀을 통해서 그는 사도들이 부활 자체에서 멈추지 않고 영적인 나라, 하늘의 영광, 더 나아가서 하나님 자신에게 이르는 단계까지 나갈 것을 당부하고 있다. '올라간다'는 단어는 아주 중요한 것이다. 곧 그리스도께서는 이 말씀으로 그와 백성에게 자신의 손길을 펼치사 그들로 하여금 하늘이 아닌 다른 곳에서는 결코 행복을 추구하지 못하게 하고 있다. 요컨대 우리의 보화가 있는 곳에는 우리의 마음이 있기 마련이다(마 6:21). 그리스도께서는 그가 높이 승천하신다는 사실을 언명(言明)하고 있다. 그러므로 우리도 그와 떨어져 있지 않으려면 승천하지 않으면 안 된다.[59]

둘째, 그리스도께서는 아버지 우편에 앉으셔서 대언자로 친히 간구해 주심으로 우리가 하나님의 보좌 앞에 나아갈 길을 예비하십니다. 셋째, 승천하신 그리스도는 다양한 은사들을 교회에 베푸심으로 온갖 해로운 것에서 지켜주십니다. 그분은 하늘 보좌에 앉아 그저 쉬고 계신 것이 아니라 온 땅을 다스리고 계십니다(시 97:1). 가시적인 교회 안에는 참된 신자만 존재하는 것이 아니라 그리스도와는 아무런 상관 없이 탐욕과 외식이 가득한 자들도 섞여 있습니다. 그럼에도 불구하고 모든 교회가 거짓 교리와 탐욕으로 물들지 않는 것은 그리스도께서 그의 교회에 은사를 베푸시어 신자들을 거룩하게 하시며 교회를 보호하시기 때문입니다.

(4) 그리스도와 성찬

하나의 떡과 잔에 동참함으로 공동체의 하나됨을 가시적으로 보여주는 성만찬은 무질서와 혼돈 가운데 있는 교회가 회복해야 할 중요한 성화의 수단이자 은혜의 방편입니다. 칼뱅은 『사돌레토에게 주는 답신』에서 성찬의 유익을 크고 거룩하며 신비로운 은혜의 선물로 표현합니다.[60]

그럼에도 불구하고 거룩한 신비에 대한 이해 없이 눈에 보이는 표식만을 행한다면 어떤 유익도 얻을 수 없습니다. 그리스도가 이루신 모든 은혜는 그리스도의 몸과 피를 먹어 실제적으로 그분과 하나된 성찬을 받는 자들이 누리게 됩니다.[61] 성찬만큼 신자의 성화를 확실히 드러내는 표증도 없습니다. 성찬은 새 생명으로 탄생한 영적 어린아이에게 하나님께서 친히 공급하시는 생명의 떡과 음료이며, 이것을 통해 신자들은 믿음을 향해 나아갈 수 있는 힘을 공급받습니다. 성찬은 신자들의 영혼을 강건케 하는 유일한 양식입니다.[62] 그러므로 그리스도만이 모든

선과 축복의 근원이 되시기에 다른 샘을 찾지 말고 오직 그리스도의 샘에서만 마음껏 마셔야 합니다.[63]

〈요약〉

1. 신자가 하나님으로부터 받는 선물은 여러 가지가 아니라 단 하나인데 그것은 바로 (   ) 한 분입니다.

2. 신자는 그리스도께서 받으신 선물을 그분과 함께 (   )함으로 거저 누립니다.

3. 그리스도께서 (   )이 되셨다는 것은 어두운 우리 영혼을 주의 말씀으로 밝히시어 회심케 하시는 분이심을 의미합니다.

4. 회심한 자들의 삶에는 반드시 (   ) 일과 (   ) 일이 일어납니다.

5. 신자들의 기도가 하나님께 상달될 수 있는 것은, 그리스도께서 (   )의 역할을 감당하시기 때문입니다.

6. 그리스도께서 승천하신 까닭은 하늘의 생활에 들어가셔서 신자들을 자기에게로 끌어 올려 하늘이 아닌 다른 곳에서는 결코 행복을 추구하지 못하게 하기 위함입니다.

7. (   )은 신자들의 영혼을 강건케 하는 유일한 영적 양식입니다.

〈나눔을 위한 질문〉

1. 죄와 모난 것 투성이지만 하나님께서 우리를 성도라고 불러주시는 까닭은 무엇입니까?

2. 최근 삶에서 죽이는 일(mortification)을 경험하였다면 나눠봅시다. (150-151쪽 참고)

3. 최근 삶에서 살리는 일(vivification)을 경험하였다면 나눠봅시다.

4. 기도 말미에 "예수님의 이름으로 기도합니다"라는 의미는 무엇일까요? 기도를 드리면서 중재자 되신 그리스도를 주장하며 기도하나요?

5. 그리스도께서 왕으로 다스리며 최후 심판을 수행하실 분이라는 믿음이 당신의 신앙생활에 어떤 유익을 가져다 주는지 나눠봅시다.

6. 많은 경우 성찬은 그리스도의 죽으심을 기억하고 기념하는 정도로만 여겨지는데, 성찬을 통해 얻어지는 실제적인 유익이 무엇인지 알고 있다면 함께 나눠봅시다.

4. 성령론적 관점

『기독교 강요』에 나타난 은사 이해를 조명하면서 성령론적인 측면에 대한 언급이 거의 없다는 것은 흥미로운 사실입니다. 이는 『기독교 강요』에서 은사를 논함에 있어서 성령의 역사가 전혀 없어서가 아닙니다. 『기독교 강요』는 비가시적 은사를 주로 다루기에, 창조론, 인간론, 기독론, 교회론 측면에서 은사 이해를 중심으로 살펴본 것입니다. 신자의 성화와 관련하여 성령의 역할을 논할 때 말씀과 믿음 안에서의 성령의 역할은 충분이 다루어졌지만, 가시적 은사를 베푸시는 성령의 사역에 대한 연구는 상대적으로 미비하였습니다.[64] 이 부족한 부분을 칼뱅의 신약 주석에서 살펴보았는데, 이는 칼뱅의 신약 주석이 가시적 은사에 초점을 맞추어 설명하고 있기 때문입니다. 『기독교 강요』와 주석에서 은사의 이해에 대한 서술이 다른 것은 은사를 각각 다른 관점으로 보고 있기 때문이 아니라 강조점이 다르기 때문입니다. 칼뱅은 오늘날 은사주의자들처럼 은사를 가시적 은사와 비가시적 은사로 구분하지는 않습니다. 비록 본 장에서 은사와 성화의 관계를 연구함에 있어 가시적 은사와 비가시적 은사라는 용어가 사용되었지만, 여기서 가시적 은사란 앞서 살펴본 한시적 은사와 지속적 은사를 의미하는 것이지[65] 오순절주의자들이 말하는 초자연적 은사만을 말하는 것이 아닙니다. 용어 사용에 논란이 있을수 있으나 여기서는 보편적이며 거시적 관점에서 가시적, 비가시적 은사를 중심으로 성화와의 관계를 살펴보겠습니다.

(1) 가시적 은사

성령이 주시는 가시적 은사들을 통해 무질서한 교회는 하나됨이라는 공동의 유익을 누리며, 거룩한 지식에 대한 깨달음과 그것을 실천할 수 있는 힘의 근원을 제공 받습니다. 무질서하게 남용된 성령의 은사 때문에 혼란스러웠던 고린도 교회에 가장 필요한 것은 질서를 회복하는 것이었습니다. 칼뱅은 『고린도전서 주석』에서 다음과 같이 말합니다.

> 동일한 성령의 지시 아래, 모두가 함께 힘을 모아 일하여야만 비로소 존재할 수 있는 그런 어떤 일을 여기서 말하고 있는 것이다. 바울은 그들이 가지고 있는 모든 은사는 한 근원으로부터 온 것이라는 사실을 그들에게 일깨워 주면서 고린도 교회 교인들을 다시 하나로 뭉치도록 권고하고 있다.[66]

교회의 유익을 위해 주어진 은사일지라도 질서 아래 선용되지 못하면 교회를 혼란에 빠뜨립니다. 그러나 은사를 주시는 성령의 지시 아래 사용된다면 교회는 분열이 아니라 하나로 뭉쳐 그리스도의 몸으로 기능하게 됩니다. 성령의 나타나심으로 신자들에게 은사가 주어진 것(고전 12:7-9)은 전시효과를 위한 것이 아니라 근본적 목적이 있는데, 이는 교회 공동의 유익을 위함입니다.[67]

칼뱅은 가시적 은사들을 한시적 은사와 지속적 은사 개념으로 구분하는데, 한시적 은사는 인간의 오용과 하나님의 심판으로 인해 잃어버리거나 하나님께서 교회의 창설 시기에 특별한 목적을 위해 부어주신 은사입니다. 반면에 대부분의 지속적 은사들(예언, 섬기는 일, 가르치는 일, 위로하는 일, 구제하는 일, 영 분별, 지식의 말씀의 은사)은 개인보다 공동체의 성화라는 유익을 위해 주어졌습니다.

칼뱅이 주석에서 몇몇 직분과 은사를 한시적 직분과 한시적 은사로 나누어서 설명하는 것은 현대의 오순절주의자들이 바라보는 은사에 대한 개념과 비교하였을 때, 큰 견해 차이를 보입니다. 그들은 성령의 은사를 한시적 은사와 지속적 은사로 구분하지 않는 경향이 강하며, 성령 역시 제2의 축복(the second blessing)을 위해 추가로 능력을 주시는 분으로 여김으로써 성령의 사역을 제한하였습니다.

(2) 비가시적 은사

칼뱅은 은사를 가시적 은사로만 한정 짓지 않고, 하나님의 다스림과 통치의 측면에서 창조로부터 시작하여 타락과 구속, 완성의 모든 국면에 다 담겨 있는 인간들을 향한 선물로 바라보았습니다.[68] 용어 사용에 혼란을 피하기 위해, 이번 단락에서 언급하는 비가시적 은사란 비록 신약 본문에서 명확히 '은사'라는 단어로 명시되지는 않았지만, 하나님께서 다스림을 위해 인간들에게 허락하신 능력과 선물임을 다시 한번 밝혀 둡니다.

1) 거룩한 영

거룩한 영이라는 이름에 합당한 성령은 성화의 영이십니다.[69] 반복된 죄의 구덩이 속에 빠져 살아가는 영혼들이 죄의 길을 청산하고 거룩을 향해 나아갈 수 있게 된 까닭은 하나님께서 성령의 은사를 부어주셨기 때문입니다. 칼뱅은 이와 관련하여 다음과 같이 말합니다.

> 하나님께서 우리에게 하나님의 영의 천상적인 은사를 부어주실 경우, 이것이 하나님께서 우리의 마음에 그의 말씀의 확실성을 인치는 방법이다. 그러고 나서 그는 또 다른 방법, 곧 성령께서 우리에게 보증으로서 주어지고 있다는 점을 지적하고 있는데, 이것은 바울이 자주 사용하는 아주 적절한 비교이다. 성령께서 우리의 담보이신 것은 그가 우리의 입양을 증거하기 때문이요, 우리를 인침과 날인하시는 것은 그가 약속들의 신의를 확립하기 때문이다.[70]

우리가 그리스도 안에서 굳건해지고 죄를 떠나 성화의 삶을 살 수 있는 것은 눈에 보이지는 않지만 거룩의 영이신 성령을 천상적인 은사로 보내주시어 우리의 보증이 되어 주셨기 때문입니다. 또한 칼뱅은 잘못된 성령에 대한 지식을 교정하기 위해 다음과 같이 말합니다.

> 첫째, 그분(성령)이 우리에게 주어지신 것은 거룩케 하심을 위한 것이다. 곧 우리를 부정과 더러움에서 깨끗이 씻어 하나님의 의(義)에 순종하는 상태로 이끄시기 위함이다. 그런데 사람들이 고삐를 느슨하게 하여 활동의 여지를 주려고 하는 그 무질서한 정욕들을 누르고 통제하지 않고서는 이런 순종이 있을 수가 없다. 둘째, 우리가 성령의 거룩케 하심으로 말미암아 깨끗이 씻음 받지만, 우리의 육체의 감옥에 매여 있는 한 우리가 온갖 악행과 많은 연약함에 둘러싸여 있다는 것이다. 그러므로 우리는 완전과는 거리가 먼 상태에 있기 때문에 꾸준히 전진해야 하며, 온갖 악행에 얽히더라도 날마다 그것들과 싸워야 하는 것이다.[71]

하나님께서 신자들에게 성령을 선물로 주신 것은 신자들의 성화와 직결되며 성령의 작용으로 인한 것임이 분명하지만, 일부 재세례파의 주장과 같이 성령을 따르면 그들이 결코 죄를 짓지 않는다는 것은 아닙니다.[72] 신자들은 성화의 영이신 성령을 의지함으로, 죄악으로 가득 찬 이 세상에서 죄의 유혹에 넘어가지 않고 날마다 그것들과 싸워야 합니다.

2) 은밀한 능력

우리 눈에 보이지 않지만 성령께서는 은밀한 방식으로 신자들에게 선물이 되십니다. 성경에는 성령에 대한 여러 칭호들이 나타납니다. "양자의 영", "보증이며 인(印)"이라고도 부르지만, 그분을 "물"로 비유하는 까닭은 은밀한 가운데 의(義)의 싹이 돋고 열매를 맺게 하시며, 더러운 것을 씻어 깨끗케 하시기 때문입니다.[73] 은사와 성령의 은밀함은 어떤 관계를 맺고 있을까요? 칼뱅은 고린도전서 12장을 주석하면서 다음과 같이 말합니다.

> 그러나 동시에 그는 아무도 자급자족할 수 있을 만큼 그렇게 많은 은사를 받거나 또 다른 사람의 도움이 필요 없을 만큼 그렇게 충분하게 은사를 받은 사람은 없다는 사실을 가르쳐주고 있다. 이것이 '그가 그 뜻대로 각 사람에게 나눠주시느니라'고 말한 내용의 뜻이다.[74]

성령은 우리가 눈으로 볼 수는 없지만 모든 은사의 기원이 되시며, 자신의 뜻을 따라 그의 은사를 각 사람에게 나눠주시는 분이십니다. 성령께서 은사를 나눠주실 때 개인이 원한다고 특정 은사를 주시는 것이 아니라 주권적이며 은밀한 방식으로 주십니다. 그 은밀함이 나타나는 대표적인 것이 중생과 믿음입니다. 칼뱅은 중생이 일어나는 방식을 다음과 같이 설명합니다.

> 그리스도가 소유하시는 그것을 우리가 믿음으로 말미암아 얻게 되는 것은 사실이다. 그러나 복음을 통해서 제시되는 그리스도와의 교제를 모든 사람이 차별 없이 다 받아들일 수 없음이 분명하기 때문에, 우리로서는 한 단계 더 높이 올라가서 성령의 은밀한 역사하심을 살피는 것이 지극히 합당할 것이다. 우리가 그리스도를 누리고, 또한 그가 베푸시는 모든 은택을 누리는 것이 바로 성령의 역사하심으로 말미암는 일이기 때문이다.[75]

신자들이 그리스도께서 이루시고 베푸시는 모든 은택과 유익을 누릴 수 있는 것은 그리스도와의 연합을 통해서인데, 이것이 가능한 것은 전적으로 성령께서 그의 백성들에게만 은밀히 역사하여 주신 믿음의 선물 때문입니다. 성령께서는 그리스도와 우리를 효과적으로 연합시키시는 끈이십니다.[76] 칼뱅은 믿음을 다음과 같이 정의합니다.

> 믿음을 가리켜, 우리를 향하신 하나님의 선하심을 아는 확고하고도 분명한 지식으로서 그리스도 안에서 값없이 주신 약속의 진리에 근거하는 것이며, 성령으로 말미암아 우리의 지성에 계시되고 우리의 마음에 인쳐진 것이라 부른다면, 이제 우리는 믿음에 대한 올바른 정의에 이른 것이라 할 것이다.[77]

무지하고 무능력한 우리 지성에 성령께서 그리스도를 아는 지식을 밝혀주시고 우리 마음에 인쳐주시지 않았다면 믿음을 가질 수 있는 자는 아무도 없을 것입니다. 그러나 은밀한 능력으로서의 성령은 중생과 믿음을 일으키는 것에만 머물지 않고 신자들에게 성화의 유익을 세 가지 방편을 통해 흘려 보냅니다. 칼뱅은 이 세 가지 방편에 대해서 다음과 같이 설명합니다.

첫째, 그리스도와 연합한 신자들은 성령의 은밀한 교통을 통해 그리스도가 베푸시는 모든 은혜를 맛볼 수 있습니다.[78] 칼뱅은 고린도전서 6장 11절을 주해하면서, 성령으로 말미암아 믿음으로 그리스도를 영접한 자들에게 그리스도의 모든 은혜가 적용된다고 말합니다.[79]

그리스도와의 연합에 있어서 성령의 역할은 칼뱅의 성찬론에서도 중요한 부분을 차지합니다.

> 그들은 자기들은 그리스도를 떡 속에 계시는 것으로 보는데 반해서, 우리는 그저 그리스도의 임재의 방식에 대해서만 주의를 기울이는 것을 -그들은 이것을 육신적인 태도로 간주한다- 보고서, 영적으로 먹는 것(spiritual eating)에 대한 우리의 모든 가르침이 참으로 또 실제로 먹는 것과 모순된 것이라고 거짓된 주장을 늘어놓는다. 그러나 우리가 보기에 그 방식은 영적인 것이다. 왜냐하면 성령의 은밀한 능력이 그리스도와 우리 사이의 연합의 끈이 되기 때문이다.[80]

신자들이 성찬을 통해 그리스도의 몸에 영적이면서도 실제적으로 참여하여 유익을 누릴 수 있는 것은 성령의 은밀한 능력 때문입니다. 눈에 보이지 않는 신비로운 성령의 작용을 통해서 그리스도께서 빵과 포도주 위에 임재하시기에 신자들은 마음을 들어 일으켜 성찬에 임해야 합니다. 그럴 때 그리스도를 먹고 마시는 것이 되며 우리 영혼이 강건케 되는 것입니다.

둘째, 성화의 유익이 교회에 주어지도록 은사와 직분을 연결하십니다. 앞서 살펴본 바와 같이 칼뱅에게 직분과 은사는 동일한 개념입니다.[81] 하나님께서 사역자들을 뽑아 그들을 통해 교회를 세우시는데, 이것이 겉으로는 사역자들의 능력인 것처럼 보이지만, 성령께서는 그들의 노력이 효과적으로 드러날 수 있도록 영의 은밀한 능력으로 그들을 돕고 계십니다.[82] 그러므로 성령의 은밀한 능력을 통해 직분자들이 세워지며, 그들의 사역이 열매 맺어 교회와 신자의 성화가 이루어집니다.

셋째, 성령의 은밀한 능력에 의한 보존사역은 구원의 최종적 완성에 대한 확신을 줍니다. 성령께서 베푸시는 구원이 보존되는 까닭은 은밀하고 신비한 방식으로 주어지는 은사 때문입니다. 구약 시대 사울처럼 유기된 자들도 하나님의 은혜를 깨닫지만, 그 안에 하나님의 사랑이 뿌리내리지 못한 것은 성령께서 부어지지 않았기 때문입니다.[83] 성령은 믿음을 시작하게 하실 뿐 아니라 점점 증가시켜 마침내 우리를 천국으로 인도하시는 분이십니다.[84] 성령께서 은밀한 능력으로 신자들의 구원을 보존하시어 구원의 최종적 완성에 대한 확신을 제공하시기 때문에 신자는 죄의 유혹에 넘어지지 않고 그리스도와 연합의 상태를 지속적으로 유지하는 가운데 성화의 길을 걸어갈 수 있습니다.

<요약>

1. 칼뱅은 가시적 은사들을 (　　) 은사와 (　　) 은사로 구분하여 설명합니다.

2. 교회의 초창기 부어진 한시적 은사는 말씀의 사역자를 통해 교회를 세워가는 일에 특별한 유익이 되었습니다.

3. 대부분의 지속적 은사들은 개인의 성화보다 (　　)의 성화를 위해 주어졌습니다.

4. 거룩한 영이라는 이름에 합당한 성령은 (　　)의 영이십니다.

5. 신자가 성화의 삶을 살 수 있는 것은 하나님께서 우리에게 거룩의 영이신 성령을 천상적인 (　　)로 보내주시어 우리의 보증이 되셨기 때문입니다.

6. 성령께서 그리스도와 우리를 효과적으로 연합시키는 끈이 되시기에 믿음을 통해 복음에 반응할 수 있습니다.

7. 성령은 은밀한 능력을 통해 은사와 (　　)을 연결시키며, 그것을 통해 신자의 성화에 지대한 영향을 미칩니다.

8. 신자들이 구원의 최종적 완성에 대한 (　　)을 가질 수 있는 것은 성령의 은밀한 능력에 의한 보존사역 때문입니다.

<나눔을 위한 질문>

1. 오순절주의자들은 성령의 은사를 강조함으로 그 사역을 확장시켰다고 생각하지만, 칼뱅의 은사 이해에 따르면 그들의 주장은 오히려 성령의 사역을 제한하였습니다. 그 이유는 무엇인가요?

2. 온갖 악행과 연약함에 둘러싸여 있을 때, 그 이름에 합당한 거룩한 영이자 성화의 영이신 성령의 도움을 받아 연약함을 극복하고 죄와 싸워 이긴 경험이 있나요?

3. 우리는 내가 믿어 구원을 받았다고 생각하는데, 그것이 불가능한 이유는 무엇 때문인가요? 성령께서 무능력한 지성에 그리스도를 알게 하는 지식을 밝혀주지 않는다면 스스로 믿는다는 것이 가능할까요?

4. 당신은 구원의 확신을 가지고 있나요? 구원파들의 주장처럼 몇날 몇 시에 구원받았다는 명확한 사건 때문이 아니라 신자들이 바른 구원의 확신을 가질 수 있는 근거는 무엇입니까?

5. 사울처럼 구원받은 것 같아 보이는 자들도 결국 구원의 종착역에 도착하지 못했다면 신자들이 구원의 확신을 갖는 것이 가능한 일일까요? 성령께서 우리 구원을 보증하는 보증금이 되셨다는 것보다 안전하고 확실한 확신이 존재할 수 있을까요?

5. 교회론적 관점

칼뱅은 가시적 교회와 불가시적 교회 개념을 모두 설명하지만, 그의 신학이 발전해 갈수록 가시적 교회에 대한 강조가 더욱 두드러집니다. 교회를 떠나서는 어떤 죄 사함이나 구원도 없다는 것은 교회가 신자의 성화에 지대한 영향을 미치고 있음을 나타냅니다.[85] 교회의 성화는 기독론적인 측면과 밀접한 관계가 있습니다. 칼뱅은 그리스도와의 연합을 개인적인 차원에 국한시키지 않고 이를 공동체적 차원으로 확장시켜 그리스도 안에서 교회를 거룩하게 하신 목적이 교회를 세상 속에서 불러내신 목적과 동일하다고 말합니다.[86] 그리스도께서는 날마다 교회를 거룩하게 하시려고 주름 잡힌 것을 펴시고 흠을 깨끗하게 하시어 영광스런 교회로 만드십니다(엡 5:22-27). 여기서는 복음 선포, 직분, 교회의 속성, 공동선이라는 주제를 가지고 교회론적 측면에서 은사와 성화의 관계를 살펴보고자 합니다.

(1) 복음 선포

앞서 교회론적 측면에서 은사를 논할 때 크게 세 부분으로 살펴보았는데, 첫째는 교회 안에서의 양육과 훈련이라는 측면이었습니다. 신자들은 교회를 통해 기독교 생활을 배우고 그 안에서 자람으로써 성화를 향해 나아가는데, 여기에 결정적인 역할을 하는 것이 복음의 선포입니다.[87] 하나님께서 복음의 선포를 통해서 사람들을 중생하게 하셨을 뿐만 아니라, 그들을 교회의 교제 속으로 인도하십니다.[88] 교회 공동체 안에서의 교제는 성도로 하여금 옳고 그른 일을 분별하게 하며, 그리스도의 유기체로서 몸이 되어 아픔과 기쁨을 서로 공유함으로 신자들로 하여금 말씀을 따라 살아갈 힘을 더하여 줍니다. 또한 율법, 즉 중생한 자들에게 선포된 하나님의 말씀에 순종하는 것이야말로 성화를 이루는 길인데, 칼뱅은 이것을 두 가지 결과로 소개합니다.

> 첫째로, 우리의 행실을 율법의 의와 비교하여, 우리 자신이 하나님의 뜻과 일치하는 것과 얼마나 거리가 먼가를 알게 되고, 그리하여 우리가 하나님의 자녀로 인정되기는 것은 커녕 그의 피조물의 자리를 차지하기에도 무가치하다는 것을 알게 된다. 둘째로, 우리의 능력을 생각하고서, 그것들이 율법을 이행하기에 너무도 연약한 것은 물론, 그런 능력 자체가 없다는 것을 알게 되며, 이로써 반드시 우리 자신의 덕성을 불신하게 되고 마음의 불안과 동요가 생긴다. 양심이 그 불의에 대한 중압감을 느껴 하나님의 심판 앞으로 나아가지 않을 수가 없고, 하나님의 심판을 바라보면서 죽음에 대한 처절한 두려움이 생기지 않을 수가 없다.[89]

신자들이 율법의 인도를 받으면, 첫째는 자신의 행실이 하나님의 뜻과 얼마나 멀리 떨어져 있는가를 깨닫게 되고, 두 번째는 이에 대한 중압감으로 하나님의 심판을 바라보면서 큰 두려움 가운데 빠지게 됩니다. 즉 말씀 앞에 선 신자들은 겸손과 자기 비하(卑下)라는 두 가지 감정에 휩싸여, 자기 자신에 대해서는 절망하지만 반대로 하나님께로 도움을 구하며 성화의 삶을 선택하게 됩니다.[90] 뿐만 아니라 말씀은 세상의 자랑으로만 얽혀있는 어두워진 눈을 밝혀 의에 대한 사랑, 악에 대한 혐오, 그리고 영생을 통해 주어질 아름다운 상급들로 변화시켜 줍니다.[91] 칼뱅이 소개한 율법의 세 번째 용법은 하나님께 순종하고자 하는 마음을 불러일으킬 뿐 아니라 하나님의 의를 이루도록 애쓰게 하며, 죄악으로부터 돌이켜 강건케 하는 성화의 도구입니다.[92]

교회의 중요한 기능은 이처럼 신자들의 삶에 복음을 선포하는 것인데, 그것을 위해 하나님께서는 말씀과 성령을 우리에게 은사로 주셨습니다. 교회를 통해 선포되는 말씀이야말로 영혼의 신령한 양식입니다.[93] 성경은 수많은 명령으로 율법의 의무를 신자들에게 지우는 것처럼 보여 자칫 은혜의 맥락을 떠나 설교되고 선포되면 도리어 영혼에 치명적인 해를 끼치게 됩니다. 그러나 은혜 안에서 바르게 선포된 말씀과 율법은 결코 올무가 될 수 없으며 신자를 거룩함으로 이끕니다. 영혼의 양식이 없는 자들은 기갈과 굶주림을 면치 못할 것이나, 이 선물을 공급받는 자들은 그 가르침이 부패한 본성을 깨우치고 자신을 복종시켜 결국 성화의 삶으로 이끕니다.

(2) 성령의 도구로서의 직분자

은사는 한 사람에게 집중되는 법이 결코 없으며, 그리스도를 머리로 삼는 몸 된 교회 안에서 서로 나누어지고 베풀어짐으로써 거룩을 이루게 됩니다.[94] 하나님께서는 교회에 속한 모든 사람의 성화를 위해 은사를 허락하셨으며, 특별히 이러한 은사는 직분으로 이해됩니다.[95] 에베소서 4장은 직분으로서의 은사가 성화에 어떤 영향을 미치는가를 살펴볼 수 있는 유용한 본문입니다. 교회의 머리되신 그리스도께서는 그의 선물을 교회에 속한 각 사람들의 분량에 따라 주셨으며(엡 4:7), 이것이 직분의 형태로 드러납니다(엡 4:11). 이 직분들은 사람이 창설할 수 있는 것이 아니라 오직 그리스도께서 은혜(은사, 선물)로 주셔야만 가능합니다(엡 4:7). 또한 교회 안에 아무런 유익도 주지 못할 만큼 하찮은 사람은 없기에, 각자의 직분으로 서로를 돌볼 때 성화를 이루게 됩니다. 모든 직분은 그리스도의 나라를 세우기에 유익하며 하나님을 향한 참된 순종으로 성도들을 이끄는데 유효한 도구입니다.[96] 칼뱅은 교회 사역자들을 "성령의 도구들(organa spiritus sancti)"이라고 불렀습니다.[97] 그렇다면 하나님께서 교회의 사역자들을 성령의 도구들로 사용하시는 목적은 무엇일까요?

> 교회의 권세에 대하여 무엇을 배우든 간에, 그 권세가 주어진 목적이 사도 바울의 말씀처럼 교회를 세우기 위함이고 파괴시키기 위함이 아니라는 점을 항상 생각해야 한다는 것이다. … 교회를 세우는 유일한 길은 사역자들 자신이 그리스도의 권위를 유지하도록 최선을 다하는 데에 있다.[98]

교회에는 교리권, 입법권, 재판권이라는 영적 권세가 부여되었는데 하나님은 사역자들을 통해 각각의 권세를 사용하심으로 그리스도의 몸 된 교회를 거룩하게 세워 나가십니다. 하나님의 사역자 칼뱅이 후대 사람들에게 개혁교회의 창시자로 기억될 수 있는 이유도 그가 제네바에서 올바른 교회법을 세우기 위해 어떤 비난도 감수하였기 때문입니다.[99] 목사의 두 가지 중요한 직무는 복음을 선포하는 것과 성례를 시행하는 것입니다.[100] 들리는 말씀인 설교와 보이는 말씀인 성례를 통해 신자는 그리스도로부터 오는 은혜의 유익들을 얻게 되며, 이것은 신자들을 거룩하게 하는 것과 직결되어 있습니다.

그러므로 신자들은 교회의 직분자들의 말을 청종함으로 그들의 입을 통해 선포되는 말씀을 하나님의 말씀으로 받아야 합니다. 또한 이것은 그들을 바른 길로 인도할 뿐 아니라 그들로 하여금 겸손과 순종을 실천하는 기회가 됩니다. 비록 이름 없는 자일지라도 그가 하나님의 이름으로 전할 때 그 말을 순전함으로 따른다면 이것이야말로 하나님을 향한 순종과 경건이

가장 잘 드러나는 길이며, 이를 통해 신자는 더욱 거룩하여질 것입니다.[101]

(3) 교회의 속성과 성화

사도성, 보편성, 통일성, 거룩성이라는 교회의 속성으로서의 은사는 어떻게 성화와 관련이 있을까요? 칼뱅은 그리스도께서 성령을 나누어 주신 이유를 두 가지로 설명하는데, 하나는 복음 선포를 돕기 위함이며, 다른 하나는 그 가르침에 복종하기 위함입니다.[102] 그런데 이 두 기능은 하나님께서 교회에 선물로 주신 사도의 직분과 일치하며, 궁극적으로 사도성을 지닌 교회는 복음 전파의 사명을 감당하며 그리스도의 말씀에 복종하도록 신자를 거룩으로 이끌어 줍니다.[103] 교회의 보편성은 승천하신 그리스도께서 은사를 각 사람에게 나누어주심으로 비롯되는데 이렇게 은사가 주어지는 까닭은 만물을 충만케 하신 그리스도의 충만함을 가지고 교회도 충만함(보편성)으로 묶여져 결국 그리스도의 장성한 분량에까지 이르게 하기 위함입니다.[104] 칼뱅은 교회의 보편성을 보편 교회(the unversial church) 개념으로 다음과 같이 설명합니다.

> 보편 교회(the unversial church)는 모든 나라에서 모인 무리들이다. 비록 나뉘어져서 곳곳에 흩어져 있으나, 이 교회는 신

적 교리의 한 가지 진리에 동의하며, 동일한 신앙의 끈으로 매여 있다. 인간적 필요에 따라서 각 마을과 도시에 흩어져 있는 개개의 교회들이 이 보편 교회 아래에 속하여 있어서, 그 각 교회들마다 교회의 명칭과 권위를 정당하게 지니고 있다.[105]

교회의 보편성은 신자를 불순한 이단이나 잘못된 교리로부터 지켜내고 한 믿음과 한 소망 안에서 거룩을 향해 달려나갈 힘을 제공합니다. 교회의 통일성과 관련하여 하나님은 특정한 사람에게 모든 은사를 허락하시는 것이 아니기에, 교회라는 공동체 안에서 각자에게 주어진 개별은사에 상호 참여함으로써 통일성을 이룰 수 있습니다.[106] 은사의 다양성은 통일성을 방해하는 것이 아니라 오히려 다양한 은사를 활용하여 그리스도의 덕을 세움으로 교회를 하나로 모으며 성도들을 성화시킵니다.[107] 신자들은 교회의 통일성 안에서 그들이 가지고 있는 다양한 은사를 통해 구비되고, 그들의 섬김을 통해 서로에게 덕을 세우게 됩니다.[108] 마지막으로 교회의 거룩성은 곧 신자의 거룩과 직결됩니다. 교회는 세상으로부터 거룩함으로 부름 받은 무리입니다. 교회 안에서 은사가 올바로 사용될 때 그 은사는 궁극적으로 우리를 완전함으로 이끌며 성도를 성화시킵니다.[109]

교회는 직분 맡은 자들을 통해 양육과 훈련의 과정을 통함으로써 교회의 본질인 사도성, 보편성, 통일성, 거룩성을 회복해야 합니다. 그러나 교회가 거룩하다는 것은 교회의 모든 구성원이 무흠한 것을 의미하지 않습니다. 교회의 거룩함은 비록 그들이 완전함에 도달하지는 못할지라도 이것을 열심히 사모하는 자들에게 하나님께서 자비로 그들에게 베풀어주시는 은혜의 선물에서 비롯됩니다.[110]

(4) 교회와 공동 선(common good)

공동 선이란 사(私)익은 부정되고 오로지 공적 선만을 가리키는 개념이 아니라, 누구도 배제되지 않고 사적 선과 공적 선을 모두 다 아우르는 하나님께서 주시는 일반은총의 개념입니다. 교회는 이런 공동 선을 온전히 구현하기 위해 하나님께서 허락하신 선물입니다.[111] 하나님께서 교회에 다양한 은사를 선물로 주신 궁극적 목적은 개인의 성화를 위해서가 아니라 공동의 성화를 위해서입니다.[112]

송용원은 교회의 공동 선 회복을 위한 칼뱅의 제안을 네 가지로 소개합니다. 첫째는 공적 기도의 회복입니다.[113] 신자들의 기도는 자기중심적이지 않고 다른 사람들과 온 교회를 향한 중보로 발전해야 합니다. 그리스도께서 죽음을 앞두고 자신의 이익만을 간구하지 않으시고 하나님의 뜻이 이루어지길 기도하셨던 것처럼, 교회 역시 공적 기도의 회복을 통해 신자들이 갈망하는 하나님 나라의 회복이라는 영적 공동 선을 이뤄야 합니다. 공적 기도가 회복되면 신자들은 개인의 죄 고백뿐 아니라 서로에

게 죄 용서를 구함으로 공동체의 성화를 이루게 될 것입니다.[114]

둘째는 성례의 회복입니다. 세례와 성찬 모두가 신자들의 신앙생활에 공적 유익을 주는 것은 사실이나, 칼뱅은 특별히 세례를 칭의의 성례로, 성찬을 성화의 성례로 규정합니다.[115] 세례를 통해 그리스도와 접붙힘을 받게 되는 것은 믿음을 통해 공개적으로 자신의 신앙을 고백함으로써 하나님의 공동체에 새로운 가족으로 받아들여지는 것입니다. 성찬은 영혼의 유일한 양식인 동시에, 그리스도께서 우리 불의를 가져가시고 자기의 의로 우리를 옷 입혀 주신 행복한 교환입니다.[116] 그리스도께서는 모든 신자에게 공동의 선물이 되셔서 성찬을 통해 자신을 나눠주시며, 이 공동의 식사에서 신자들은 서로 하나가 되고 인간다운 교제를 맛봄으로써 성화를 향한 힘과 능력을 경험하게 됩니다.[117] 신자들이 한 자리에 모여 영혼의 양식을 나눌 때 주어지는 성도의 교제는 하나님께서 교회 안에 주신 다양한 은혜의 선물들이 성도들의 교제를 통해 유익과 구원을 이루는 도구로 사용되는 것을 의미합니다.[118]

셋째는 교회의 공적 직무의 회복입니다.[119] 연약하고 무지한 인간들이 스스로의 힘으로 믿음과 신앙을 지킨다는 것은 사실상 불가능하기에, 하나님은 교회의 공적 직무를 통해서 신자들이 자신의 연약함을 극복하도록 도우십니다. 칼뱅은 이를 위해 제네바 목사회(the venerable company), 제네바 아카데미

(the academy), 컨시스토리(the consistory), 종합구빈원(the general hospital)을 각각 맡아 교회의 공적 직무를 수행하였습니다.[120]

넷째는 교회 공동재산의 능동적 사용입니다.[121] 교회는 부자와 가난한 자들 사이의 물질적 나눔을 통해 하나님으로부터 받은 선물을 재분배하는 곳입니다.[122] 재산을 포기하거나 이와 반대로 탐욕만을 추구하려는 자들과 달리 칼뱅은 자기 소유를 이웃을 위해 사용해야 하며, 사회 전체의 복지 증진을 위해 교회 재산도 능동적으로 사용할 때 공동 선이 회복된다고 주장합니다.[123]

〈요약〉

1. 율법의 세 가지 용법은 죄를 깨우치고, 억제하며, 신자를 성화의 삶으로 인도하는 것입니다.

2. 교회의 머리되신 그리스도께서는 그의 선물을 각 사람들의 분량에 따라 주셨는데, 이것이 (   )입니다.

3. 칼뱅은 교회 사역자들을 "성령의 (   )"이라고 불렀습니다.

4. 그리스도께서 성령을 교회에 나누어 주신 이유는 (   )를 돕고, 복음의 가르침에 (   )하도록 하기 위함입니다.

5. 칼뱅은 (   )를 칭의의 성례로, (   )을 성화의 성례로 규정합니다.

6. 공동 선(common good) 회복을 위한 칼뱅의 네 가지 제안은 공적 기도의 회복, 성례의 회복, 공적 직무의 회복, 교회 (   )의 능동적 사용입니다.

〈나눔을 위한 질문〉

1. 교회라는 공동체 안에서 신앙생활을 함으로 자신이 거룩을 이루어간다고 느낀 적이 있다면 나누어 봅시다.

2. 개인적으로는 원치 않았지만 교회의 직분자들의 말을 청종하며, 선포되는 말씀을 하나님의 말씀으로 받아들일 때 변화된 삶을 경험한 적이 있다면 나누어 봅시다.

3. 성례(세례, 성찬)를 은혜의 방편 중에 하나라고 말하는데 그것을 통해 받은 은혜의 선물이 있다면 나누어 봅시다.

4. 불순한 이단이나 잘못된 교리의 가르침에 빠졌던 적이 있나요? 어떻게 거기로부터 나오게 되었는지 나누어 봅시다.

5. 다름이 서로를 힘들게도 하지만, 오히려 다양한 은사를 통해 교회의 통일성을 이루고 그리스도의 덕을 세운 경험이 있다면 나누어 봅시다.

6. 공동 선의 회복을 위해 칼뱅이 제시한 네 가지 제안과 관련해 자신이 가장 회복해야 할 영역은 무엇이라고 생각하나요?

7. 기독교가 세상의 빛과 소금의 역할을 감당하기보다 도리어 지탄의 대상이 되고 있습니다. 교회가 회복해야 할 공적 직무의 영역은 무엇일까요?

8. 교회는 부자와 가난한 자들 사이의 물질적 재분배를 통해 하나님으로부터 받은 선물을 재분배하는 곳이라고 말한 칼뱅의 말은 가히 혁명적입니다. 교회 재산을 능동적으로 사용하기 위해 할 수 있는 일은 무엇이 있을까요?

6. 결론

지금까지 칼뱅의 은사를 창조론, 인간론, 기독론, 성령론, 교회론적으로 살펴보면서 이것이 신자의 성화와 어떻게 관계를 맺고 있는지에 대해 폭넓게 살펴보았습니다. 하나님께서 은사를 주신 까닭은 단지 그것을 보존하거나 자랑하기 위해서가 아니라 공동의 유익을 증진시키기 위함입니다.[124] 그 유익은 신자들에게 주어진 하나님의 형상을 회복하여 그리스도를 닮아가는 거룩으로, 무질서와 분열로 흩어진 교회 공동체에는 그리스도의 몸과 하나됨으로, 죄로 인해 파괴된 피조 세계는 회복의 은혜로 나아가는 것입니다. 신자는 '서로 사랑'이라는 대계명과 '복음 전파'라는 위임령만을 부여받지 않고, 그것을 실행할 힘과 능력까지 함께 부여받습니다. 그것이 바로 은사입니다. 이를 통해서 신자들은 구원의 유익들을 누릴 뿐 아니라 결국 거룩한 삶을 살 수 있게 됩니다.

건강한 은사론 정립을 위한 아홉 가지 제언

칼뱅은 칭의와 성화를 함께 논하면서 이 두 가지를 다 하나님의 은혜의 선물, 이중은혜로 소개합니다.[1] 우리를 의롭게 하신 것도 그리스도의 은혜요, 우리의 거룩함도 성령의 은혜이기에 성화까지도 하나님의 은사요 선물인 것이 분명합니다.[2] 그러므로 은사와 성화가 어떤 상관관계를 맺는가에 대한 이 글은 큰 틀 안에서는 칼뱅의 은사론에 대한 연구라고 보아도 무방할 것입니다. 작금의 한국교회는 오순절 은사주의에 기반한 왜곡된 은사 이해로 말미암아 성령의 개별 은사에만 치중하였으며, 그나마도 바른 성경적 관점으로 접근하지 못했습니다. 다수의 한국교회에서 은사란 신비주의와 잘못된 열광주의로 물들어 왜곡되었기에, 건강하고 바른 은사론을 확립함으로 이것이 개인과 교회, 사회의 성화에 작게나마 기여할 수 있다면 이 책의 목적이 달성된 것입니다. 이에 이 글의 교훈들을 아홉 가지로 정리하여 아래와 같이 제언하고자 합니다.

첫째, 성령의 사역을 소중히 하려면 은사 이전에 성령을 먼저 생각해야 합니다.[3] 작금의 한국 교회는 급속한 교회 성장에 따른 부작용으로 큰 성장통을 겪었고, 이제는 쇠락기에 접어들었습니다. 어떻게 하면 신자들이 몰려오고, 교회가 양적으로 성장하는지에만 관심이 집중되었을 때, 그만큼 복음의 본질이 아니라 세속화의 위험에 오랜 기간 노출되었습니다. 오늘날 우리가 겪은 한국교회의 쇠퇴는 어찌보면 예견된 일이었음에 분명합니다. 은사라는 것을 축복의 도구로 여겨 구원받은 후에도 제2의 축복(second blessing)을 받기 위해 반드시 필요한 것이라고 생각하는 잘못된 인식은 은사를 주시는 분이 아니라, 그 선물에만 더 큰 관심을 갖게 만들었습니다. 그런 측면에서 은사가 선물임을 논하기 이전에 성령이 우리에게 선물임을 먼저 깨닫는 것은 잘못된 은사에 기인한 신자들이 다시금 바른 이정표를 향해 나아가는 첫 걸음이 될 것입니다. 우리가 성령을 논할 때 그분에게 대표되는 능력을 어찌 은사로만 규정지을 수 있을까요? 오히려 성령의 주요한 사역은 그리스도께서 이루어 놓은 구속의 은혜가 효력이 있도록 각 사람 안에 믿음을 일으키는 것입니다. 스콜라 신학자들의 오류는 믿음이 일어날 때 성령의 역사를 배제한 것이며, 그 결과 하나님의 은혜가 기계론적인 차원과 물리적 차원으로 존재한다고 여겼습니다.[4] 그러나 태양 빛이 모든 자에게 전파된다 하여도 소경에게는 아무 소용이 없듯이, 하나님의 말씀이 선포되어도 성령께서 어둔 마음을 조명하시고 가르치는 스승이 되지 않는다면 결코 신자들의 마음속으로 그 말씀이 들어올 수 없습니다.[5] 선물이 아니라 선물주시는 분이 누구인지를 재정립하는 것이 바른 성령론과 은사론 정립을 위해 무엇보다 선행되어야 합니다. 실제로 성령의 사역을 은사에 치중하여 이해하다 보니 개역개정 찬송가도 성령을 주제로 한 것은 성령강림과 성령은사에 한정되어 있습니다. 그렇기 때문에 성령 하나님을 성부 성자 하나님과 마찬가지로 찬송과 영광을 받으실 인격으로 받아들이며, 조명하심과 구속의 효력을 일으키시는 분으로서 그분의 사역을 풍성하게 드러내는 것이 더욱 시급합니다.

둘째, 은사를 성령론에만 가두지 말고 삼위일체 하나님의 사역으로 바라보아야 합니다. 흔히 은사의 수여자를 성령으로만 이해하지만(고전 12장), 그리스도께서 승귀하신 후부터 성령과 그리스도는 사역적으로 일치되었을 뿐 아니라(고전 15:45), 승귀하신 그리스도는 만물을 충만케 하시는 은사의 기원이 되십니다(엡 4:10). 또한 성령은 아버지의 약속으로 활동하시는 분이시기에 은사를 성령의 것만이 아니라 성부와 성자의 것으로도, 즉 삼위일체적으로 이해해야 합니다.[6] 열광주의적 오류에 빠진 한국교회가 "성령의 은사를 구한다"고 할 때, 오히려 그 표현을 성령께만 돌리지 않고 "삼위일체 하나님께 은사를 구한다"는 표현으로 바꾸는 것은 어떨까요? 왜냐하면 전자의 표현은 성령의 사역을 "능력" 개념으로 왜곡시킬 뿐 아니라, 삼위일체 하나님의 사역을 성령의 사역으로만 "제한"시키기 때문입니다. 우리는 이미 이 글을 통해 은사를 창조론적 측면에서 성부 하나님의 사역과 기독론적 측면에서 성자의 사역, 그리고 성령론과 교회론의 측면에서 성령의 사역으로 살펴보았습니다. 은사가 성령의 고유한 사역만이 아니라 삼위일체 하나님의 사역임을 강조할 때 성령을 능력이나 기운으로서만 이해하지 않고 오히려 더욱 인격적인 분이며 삼위 하나님의 제3위 위격으로 받아들일 수 있게 됩니다. 이런 측면에서 성령의 오심, 임재, 충만 만을 사모할 것이 아니라 그리스도의 다시 오심과 그분의 임재도 더욱 사모해야 합니다. 공예배에서 성령의 임재와 조명을 사모하는 만큼 성찬의 상에서 영적이고 실제적으로 임하시는 그리스도를 더욱 사모해야 합니다. 삼위일체 하나님을 바르게 이해하고 인식할수록 우리 신앙이 균형있게 자라게 될 것입니다.

셋째, 성령의 사역은 성경을 통해 확증되었을 때에만 참된 사역일 수 있습니다. 흔히 은사주의자들은 그들의 주장과 다른 입장에 서있는 자들을 지성주의에 갇히거나 성령께서 하시는 심연(深淵)의 사역을 알지 못하는 얕은 수준의 신앙을 가진 자들로 폄하합니다. 그리스도께서 승천하신 후 성령이 오시면 그가 행하셨던 것보다 더 큰 일도 행한다는 것은 성령이 로고스

이신 그리스도를 무시한 채 독자적으로 어떤 일을 행하신다는 것이 결코 아닙니다. 우리는 왜 방언을 언어로만 받아들여야 합니까? 그것은 나타난 현상을 통해 방언을 정의하기 이전에, 성경이 방언을 무엇이라 말하는지 먼저 살펴보아야 하기 때문입니다. 구약 성경에서부터 신약에 이르는 모든 용례 속에 방언은 언어적 방언이 아닌 경우가 없었는데도 여전히 방언을 제어되지 않는 혀의 어떤 활동으로 이해하는 것이 과연 성경적일까요? 신자의 삶 속에 나타난 어떤 현상을 성령의 은사라고 단정짓기 전에 그것이 정말 성경이 말하는 것과 일치하는지를 살펴보아야 합니다. 그렇지 않고서는 성령의 사역과 성경이 자증하는 것은 계속적인 불일치가 생길 수밖에 없습니다.

성령은 분명 하나님의 일하심에 있어 효력과 효능이 되십니다. 그러나 말씀 없이 오는 영은 거룩한 영이 아니라 사탄의 영이며, 반대로 성령의 동행 없이 오는 말씀은 열매 맺을 수 없습니다. 성령께서 성부와 성자로부터 '나오심'은 말씀으로의 성령의 연결뿐 아니라 성령에로의 말씀의 연결을 가능하게 합니다.[7] 성령과 성경은 어떤 관계에 있을까요? 칼뱅은 다음과 같이 말합니다. "성령은 우리 말씀에 대한 확실성을 위한 근거는 아니지만, 그 원인이시다. 거꾸로 말씀은 우리의 성령에 대한 확실성의 근거이다."[8] 성령께서는 신자들을 결코 성경으로부터 이탈시켜 새로운 계시로 이끄시는 법이 없으며, 성경을 우리에게 참되게 인식시키도록만 인도하십니다. 성경이야말로 성령의 작품이신데 그것이 불충분한 것으로 받아들여질 때 누구보다 성령께서는 모독을 받으십니다.[9] 그러므로 나타난 현상을 성령의 사역으로 받아들이기 이전에 그것이 정말 성경이 자증하는 것이 맞는지를 통해 확증하는 것이 무엇보다 중요합니다.

넷째, 하나님께서 신자들에게 은사로 주신 모든 것들은 신자의 성화와 직결된다는 사실을 깨달아야 합니다. 오랜 기간 신앙생활을 해왔어도 은사가 신자의 성화를 위해 주어졌다고 생각하는 이가 얼마나 있을까요? 능력으로서의 은사가 아니라 성화의 방편으로서의 은사를 깨닫는 것은 잘못된 은사론에 물든 한국교회에 다시 한번 경각심을 일깨웁니다. 많은 경우 은사가 주어진 목적을 복음을 효과적으로 선포하기 위한 보조적 도구 또는 하나님의 초자연적인 능력을 보여주기 위함이라고 단편적으로 생각합니다. 그러나 칼뱅 은사론의 핵심은 은사를 성화의 도구로 보았다는 사실입니다. 하나님께서 우리를 교회로 부르신 이유는 신자의 성화에 있으며(엡 5:25-26), 이 땅에서 거룩함을 이루는 것이야말로 하나님의 뜻입니다(살전 4:3). 하지만 죄악 된 세상에서 인간은 타락한 본성을 가지고 스스로 거룩할 수 있는 능력이 없기에 하나님은 우리가 거룩을 향해 나아가도록 필요한 모든 것을 선물로 허락하셨습니다. 결코 스스로는 하나님을 향해 나아갈 수 없는 우리 본성의 의지를 은사(선물)

를 통해 바꾸시고, 그의 형상을 회복하도록 이끄시며, 그 과정이 바로 성화의 여정입니다.

다섯째, 은사 수여의 주도성은 인간이 아니라 하나님 편에 있음을 직시해야 합니다. 오순절 은사주의자들 뿐 아니라 상당수 복음주의자들도 은사를 하나님의 은혜에서 비롯된 선물이라고 말은 하면서도, 그와 동시에 은사는 인간의 측면에서 사모함으로 체험하는 것이라고 주장합니다.[10] 알미니안주의자들은 위로부터 주어지는 은혜를 얻는 데 있어 신인협력이 가능하다고 여겼습니다. 즉 모든 선행을 그리스도 안에서 하나님의 은혜에 공로를 돌려야 한다고 말하면서도, 인간의 힘이 계속해서 필요하다고 주장합니다. 그런데 칼뱅은 이런 주장에 명확한 반기를 들며 불가항력적인 은혜(irresistable grace)를 주장합니다.[11] 하나님의 은혜는 인간의 의지와는 상관없이 하나님 편에서 주도적으로 주어지는 것입니다. 은사가 하나님의 선물인가 아니면 인간의 사모함으로 얻어지는가에 따라 은사에 대한 입장이 교단별로도 극명히 갈리는 것을 볼 수 있습니다. 은사를 인간 편에서 쟁취할 수 있는 무언가로 인식할수록 더욱 은사를 열망하게 될 뿐 아니라 더 큰 은사를 가진 자를 신령하고 능력있는 자로 떠받드는 오류에 빠지게 됩니다. 그러나 은사는 결코 인간이 사모하는 것에 비례하는 방식으로 부여되지 않으며, 하나님의 주권에 따라 그 뜻대로 각 사람에게 나눠집니다(고전 12:11). 원한다고 주어지지 않고 열심히 달음박질 한다고 받는 것이 아니라 오직 하나님의 은혜로 주어지는 것입니다(롬 9:16). 모든 은사는 은혜의 현현이며 은혜의 현현은 어느 것이나 은사입니다.[12] 안타까운 것은 칼빈주의 5대 교리를 믿는다고 하면서도 은사에 대한 입장은 반(semi)-펠라기우스적(원죄와 은총의 교리를 인정하면서도 구원에 있어서 하나님과 인간의 협력적 관계를 주장)이거나 알미니안적인 방식을 고집하는 교회가 상당하다는 점입니다. 은사가 오직 위로부터만 주어지는 하나님의 선물이라는 이 한 가지 사실만 바르게 인식한다 하더라도 바른 은사론 정립을 위한 든든한 초석을 놓을 수 있습니다. 한국교회가 왜 그렇게 은사에 열광하게 되었나요? 능력만 받을 수 있다면 수십 일씩 금식기도도 마다하지 않는 것은 은사가 신앙의 성숙에 비례한다고 여겨졌기 때문은 아닌가요? 비록 성령의 은사가 충만한 자일지라도 그가 구원의 은혜에서 제외될 수 있음을 잊어선 안 될 것입니다. 사울은 이스라엘의 왕이 되어 다스리기 위해 성령의 은사를 받았고, 유다는 사도의 직분을 위해 은사를 받았으며, 발람은 예언을 선포하기 위해 은사를 받았으나, 그들 모두가 중생의 은혜로부터 배제되었다는 사실은 은사와 구원, 그리고 그 신앙의 정도가 결코 비례하지 않음을 명확히 보여줍니다.[13]

여섯째, 은사를 공동 선 구현이라는 영역까지 확장하여

주어진 선물로 이해해야 합니다. 칼뱅은 은사에 대한 개념을 성령론에만 국한시킨 것이 아니라 광범위하게 삶의 모든 영역으로 확장시켰습니다.[14] 이는 가시적 은사에 집중된 은사론의 범위를 확장시켜 포괄적 차원으로 이해해야 함을 의미합니다. 오순절 은사주의에 물든 작금의 한국 교회는 은사를 성령론과 교회론에만 국한시켜 이해했습니다. 이에 따른 부작용으로 사회 모든 영역이 하나님께서 허락하신 은사로 말미암아 공동의 선을 이루어야 할 영역임을 놓치게 되었고, 결국 교회는 세상으로부터 힘을 잃고 지탄받게 되었습니다. 하지만 칼뱅의 은사 이해는 창조론적이며 인간론적이고 기독론적이고 교회론적입니다. 신자들이 하나님께서 주신 은사를 무시하며 살아간다는 것은 사실상 불가능합니다. 신자는 교회라는 특별 공동체 뿐 아니라 세상이라는 일반 공동체에서 하나님의 영광을 드러내야 할 의무를 지니고 있습니다. 하나님께서 각 사람에게 허락하신 다양한 선물을 은사로 이해하는 칼뱅의 은사 이해는 현대 은사주의 운동으로 말미암아 도리어 축소되고 제한된 은사의 개념을 회복시켜 주는 바른 대안이 되는 동시에 교회가 잃어버렸던 자정과 회복의 기능도 되찾게 해줄 것입니다.

일곱째, 성령론과 교회론을 이어주는 가교로서 은사론의 중요성을 간파해야 합니다. 은사론을 광의적 차원에서 다룬다면 창조론, 인간론, 기독론, 교회론의 측면에서 이해할 수 있습니다. 그러나 협의의 차원, 즉 가시적 은사라는 개념에 초점을 맞춘다면 은사론은 성령론과 교회론의 바른 정립을 위한 가교로서 특별한 역할을 감당하고 있습니다. 교단과 교파를 초월하여 수많은 교회들이 오순절 은사주의와 잘못된 열광주의에 물들어 있을 때 교회는 말씀되신 그리스도를 가르쳐 주는 진리의 스승인 성령을 곡해하고, 힘과 능력을 추구하는 기복주의 신앙으로 병들었습니다. 칼뱅은 에베소서 주석에서 은사 대신에 직분을 설명하는 바울을 주목하며 은사를 떠난 직분은 존재할 수 없다고 말합니다. 결국 은사의 근원되시는 성령께서 은사를 허락하시는 까닭은 당신의 교회가 복음 전파의 사명과 신자의 어머니로서의 역할을 감당하게 하기 위함입니다. 칼뱅은 그런 측면에서 은사와 직분을 동일시하고 있습니다. 즉 바른 은사론의 재정립이야말로 건강한 교회를 세우는 척도입니다. 일부 자유진영의 교단과 교파에서는 성경이 말하고 있는 직분의 중요성을 간과한 채 성도들을 모두 '형제' 또는 '자매'로 부르기도 합니다. 이는 한국 교회 내에서 부지불식간에 직분이 계급화 됨으로 여러 폐해들이 있었기에 그런 결정이 일정부분 이해되기도 합니다. 그러나 목욕물이 더럽다고 그 안의 아이까지 함께 버리는 것은 어리석은 일이지 않습니까? 직분은 교회를 건강히 세우기 위해 하나님께서 주신 은혜의 선물입니다. 그러므로 성경이 말하는 직분을 폐기하는 것은 성경적이도 않을뿐더러, 교회의 건강성을 유지하는 데 오히려 해가 됩니다. 직분은 계급이 아니라 질서로서 주어진 것이며 각 직분이 성경적 원리에 따라 합당하게 세워지도록 힘쓰는 것은 건강한 교회를 세우기 위해 무엇보다 중요합니다.

여덟째, 은사는 광의적 차원에서 이해되어야 하지만, 그럼에도 불구하고 특별히 교회론적 관점에서 집중적으로 조명되어야 합니다. 하나님께서 은사를 주신 것은 각 개인의 유익을 위해서가 아니라 종국에는 섬김과 봉사를 통해 그리스도의 몸된 교회를 세우기 위함입니다(엡 4:12). 20세기 들어 오순절 은사주의자들은 성령론에 대한 자신들의 치적을 말하면서, 지금까지 제한되어 왔던 은사에 대한 관심을 불러일으켜 그것을 활성화시켰다고 주장하지만, 오히려 그들은 은사 본연의 의미인 교회론적 차원의 은사를 개인적 차원의 경험으로 축소시켜 버렸습니다. 그러므로 은사가 교회의 보편성과 거룩성, 통일성을 이루는 데 얼마나 유익한지를 깨달을 때 비로소 각 지체된 성도의 삶 역시 그 유익의 양분들을 충분히 섭취할 수 있게 됩니다.

아홉째, 은사의 지속성에 대해 성경적인 동시에 균형있는 관점이 필요합니다. 어떤 은사들은 한시적으로만 주어진다는 칼뱅의 주장에 근거해서 그를 은사 중지론자로 오인하기도 하지만, 칼뱅은 한 번도 은사들이 완전히 중단되었으며 교회에는 단지 "중생의 영"이라는 선물만 남았다고 말하지 않았습니다.[15]

그는 하나님의 전능성을 의심하지 않았기에 병고침의 능력이 여전히 일어날 수 있다고 말했고, 심지어 사도의 직분조차 혼란스런 교회시대에는 하나님께서 다시 일으키실 수 있다고 말했습니다. 그렇다고 해서 그것이 오늘날 신사도 운동을 주창하는 자들의 주장과는 결단코 같을 수 없습니다. 은사 지속주의자들은 은사 중지론자들의 주장이 성경적 뒷받침이 없는 허무한 교리일 뿐이라고 폄하합니다. 왜냐하면 은사 지속주의자들의 주장에 의하면 어떤 은사도 온전한 것이 오기 전까지는 결코 사라지지 않기 때문입니다(고전 13:10). 그러나 칼뱅은 철저히 성경에 근거하여 은사를 이해하고 있습니다. 예를 들어 왜 방언을 교회의 시초기에만 주어진 은사로 보는 걸까요? 그것은 성경이 말하는 방언은 언어임에 분명했고, 그것이 교회의 시초기 이후에는 주어지지 않았기 때문입니다. 그는 특정한 은사들이 모든 시대 동안 소멸되었고 결코 다시 교회 안에 일어날 수 없다고 말하지 않고 반대로 모든 교회 시대에 동일한 성령 은사들이 존재한다고 가르치지도 않습니다. 왜냐하면 하나님께서는 교회가 필요로 하는 은사라면 결코 결핍의 상태로 내버려두지 않으실 것이기 때문입니다.[16] 그러므로 이 부분은 하나님의 전능성을 제한하지 않는 범위 내에서 다소 열린 결말로 남겨두고자 합니다.

여전히 한국교회에는 천국과 지옥 간증이 유행하고, 금

이빨과 금 가루가 나왔다는 현상, 예언이나 직통계시를 좇아 다니거나 영험한 목사의 안수를 받기 위해 수시간 전부터 예배당 앞자리를 차지하기 위한 쟁탈전이 존재합니다. 어떻게 하면 기복주의에 물든 한국교회가 바른 은사론을 정립할 수 있을까요? 칼뱅의 은사에 대한 관점과 필자의 아홉 가지 제언을 통해 건강한 은사론이 재정립되어 얼룩진 성령의 이름이 온전히 회복되어지기를 바라며 이 글을 마칩니다.

개핀, 리차드 B. Jr., 『성령 은사론』, 권성수 역, 서울: 기독교문서선교회, 1999.

괼러, 알르레드, 『칼빈의 성화론』, 유정우 역, 서울: 한국장로교출판사, 2002.

김광열, "21세기 성령 운동 연구: '제3의 물결'에 대한 개혁신학의 평가", 「개혁논총」 17 (2011): 121-149.

김선권, "칼뱅의 교회정치 체제 및 교회법에 대한 연구" 「한국조직신학논총」 47 (2017): 7-48.

김요섭, "모든 신자들의 어머니로서의 교회: 칼빈의 교회의 역할적 정체성에 대한 이해", 「성경과 신학」, 52 (2009): 37-63.

김은수, "칼빈 신학의 특징과 한국개혁신학의 과제: 『기독교 강요』의 저작 동기와 원천자료에 대한 분석을 중심으로", 「한국 개혁신학」 29 (2011): 7-44.

김재윤, 『개혁주의 문화관』, 서울: SFC, 2015.

니그렌, 앤더스, 『아가페와 에로스』, 고구경 역, 고양: 크리스찬다이제스트, 1998.

레이스, 존 K., 『칼빈의 삶의 신학』, 이용원 역, 서울: 한국장로교출판사, 1989.

레탐, 로버트, 『그리스도의 사역』, 황영철 역. 서울: IVP, 2000.

루터, 마틴, 『로마서 주석』, 이재하, 강치원 역, 서울: 두란노아카데미, 2011.

리차드, 조셉, 『칼빈의 영성』, 한국칼빈주의연구원 편역, 서울: 기독교문화협회, 1986.

마네치, 스캇, 『칼빈의 제네바 목사회의 활동과 역사』, 신호섭 역, 서울: 부흥과개혁사, 2019.

매티슨, 키이스 A., 『성찬의 신비』, 이신열 역, 부산: 개혁주의학술원, 2015.

맥그라스, 알리스터, 『종교개혁 시대의 영성』, 박규태 역, 서울: 좋은씨앗, 2010.

맥키, 엘시 N., 『개혁교회 전통과 디아코니아』, 류태선, 정병준 역, 서울: 한국장로교출판사, 2000.

무, 더글라스 J., 『NICNT 로마서』, 손주철 역, 서울: 솔로몬, 2011.

문병호, "칼빈 성령론의 자리와 우주적, 일반은총적 역사", 「개혁논총」 16 (2010): 255-84.

, "칼빈의 교회론: 기독론·삼위일체론적 관점에서", 「조직신학연구」 8 (2006): 44-71.

, "종교개혁 500주년에 다시 돌아보는 칼빈신학", 「종교개혁 500주년과 개혁신학」 (2016): 37-68.

바르스, 아리, "은사주의적 칼빈(Charismatic Calvin)", 「갱신과 부흥」 10 (2012): 233-53.

바빙크, 헤르만, 『칼빈과 일반은총』, 손두환 역, 서울: 성암문화사, 1970.

, 『개혁교의학』 전4권, 박태현 역, 서울: 부흥과개혁사, 2011.

바클레이, 존 M. G., 『바울과 선물』, 송일 역, 서울: 새물결플러스, 2019.

박경수, "개혁교회의 요람 제네바아카데미에 관한 연구", 『종교개혁과 교육』, 부산: 개혁주의학술원, 2017.

박상봉, "종교개혁과 교리교육", 『종교개혁과 교육』, 부산: 개혁주의학술원, 2017.

박영돈, "칼빈의 불완전 성화론", 「개혁신학과 교회」 7 (2014): 107-25.

박영선, 『구원 이후에서 성화의 은혜까지』, 서울: 이레서원, 2005.

박재은, 『성화 균형 있게 이해하기』, 서울: 부흥과개혁사, 2017.

베버, 오토, 『칼빈의 교회관』, 김영재 역, 서울: 풍만출판사, 1985.

베르까우어, G. C., 『개혁주의 교회론』, 나용화, 이승구 역, 서울: 기독교문서선교회, 2006.

비틀링거, 『은사와 은혜』, 서울: 기독지혜사, 1988.
셸더하위스, 헤르만, 『칼빈 핸드북』, 김귀탁 역, 서울: 부흥과개혁사, 2013.
송용원, 『칼뱅과 공동선』, 서울: IVP, 2017.
송인규, 『일반은총과 문화적 산물』, 서울: 부흥과개혁사, 2012.
슈라이너, 토마스, 『BECNT 로마서』, 배용덕 역, 서울: 부흥과개혁사, 2012.
스토트, 존, 『오늘날의 성령의 사역』, 조병수 역, 서울: 개혁주의신행협회, 2002.
스페이커르, 빌렘 판 엇, 『칼빈의 생애와 신학』, 박태현 역, 서울: 부흥과개혁사, 2009.
아우구스티누스, 『고백록』, 성염 역, 파주: 경세원, 2016.
안은찬, 『칼뱅의 목회신학』, 서울: 기독교문서선교회, 2000.
알렉산더, 도날드 L., 『성화란 무엇인가』, 이미선 역, 서울: 부흥과개혁사, 2010.
월레스, 로날드 S., 『칼빈의 기독교 생활원리』, 나용화 역, 서울: 기독교문서선교회, 1988.
유창형, 『칼빈과 성화』, 용인: 칼빈대학교 출판부, 2014.
이승구, "칼빈의 『기독교 강요』 저술 동기를 통해 본 신학의 과제", 「개혁신학」 10 (1998): 77-108.
이신열, "칼빈의 은사 이해", 「성경과 신학」 53 (2010): 79-107.
_____, "칼빈의 예언 이해", 「생명과 말씀」 3 (2011): 89-122.
_____, "부에 대한 칼빈의 이해", 「갱신과 부흥」 15 (2015): 74-97.
_____, "칼빈의 공관복음 주석에 나타난 섭리 이해", 「개혁논총」 24 (2012): 153-81.
_____, "성화와 하나님의 은혜에 대한 칼빈의 이해", 「고신신학」 12 (2010): 59-96.
_____, "교회의 속성에 대한 개혁 신학적 이해: 은사를 중심으로", 「개혁논총」 34 (2015): 153-83.
_____, "종교개혁 전통의 계승과 발전: 창조와 섭리를 중심으로", 「종교개혁 500주년과 개혁신학」 (2017).

, "오순절 및 은사주의 신학에 나타난 은혜와 능력 개념에 대한 비판적 고찰", 「성경과 신학」 41 (2007): 98-133.

, "고전적 오순절 운동에서의 기독론과 성령론의 관계", 「학교법인 백석대학교 설립 제30주년 기념 논문집」 (2006): 297-311.

이오갑, "칼빈의 섭리론", 「한국조직신학 논총」 16 (2006): 9-36.

이윤석, "결정적 성화 개념에 대한 존 머레이와 존 페스코의 상반된 견해", 「한국개혁신학」 46 (2015): 60-78.

이종은, 『사회정의란 무엇인가: 현대 정의 이론과 공동선 탐구』, 서울: 책세상, 2015.

임종구, 『칼빈과 제네바 목사회』, 서울: 부흥과개혁사, 2015.

정일웅, "신학교육: 종교개혁과 개혁신학 관점에서의 한국교회의 신학교육", 『종교개혁과 교육』, 부산: 개혁주의학술원, 2017.

질송, 에티엔느, 『아우구스티누스 사상의 이해』, 김태규 역, 서울: 성균관대학교출판부, 2010.

칼빈, 존, 『창세기 주석』, 칼빈성경주석출판위원회 역, 서울: 성서교재간행회, 1978.

, 『시편 주석』, 칼빈성경주석출판위원회 역, 서울: 성서교재간행회, 1982.

, 『공관복음 I 주석』, 칼빈성경주석출판위원회 역, 서울: 성서교재간행회, 1978.

, 『공관복음 II 주석』, 칼빈성경주석출판위원회 역, 서울: 성서교재간행회, 1978.

, 『요한복음 I』, 칼빈성경주석출판위원회 역, 서울: 성서교재간행회, 1978.

, 『요한복음 II 주석』, 칼빈성경주석출판위원회 역, 서울: 성서교재간행회, 1978.

, 『사도행전 I 주석』, 칼빈성경주석출판위원회 역, 서울: 성서교재간행회, 1978.

, 『사도행전 II 주석』, 칼빈성경주석출판위원회 역, 서울: 성서교재간행회, 1978.

, 『칼빈주석: 로마서』, 박문재 역, 고양: 크리스챤다이제스트, 2013.
, 『고린도전서 주석』, 칼빈성경주석출판위원회 역, 서울: 성서교재간행회, 1979.
, 『고린도후서 주석』, 칼빈성경주석출판위원회 역, 서울: 성서교재간행회, 1979.
, 『갈라디아서 주석』, 칼빈성경주석출판위원회 역, 서울: 성서교재간행회, 1979.
, 『에베소서 주석』, 칼빈성경주석출판위원회 역, 서울: 성서교재간행회, 1979.
, 『빌립보서 주석』, 칼빈성경주석출판위원회 역, 서울: 성서교재간행회, 1979.
, 『골로새서 주석』, 칼빈성경주석출판위원회 역, 서울: 성서교재간행회, 1980.
, 『데살로니가후서 주석』, 칼빈성경주석출판위원회 역, 서울: 성서교재간행회, 1978.
, 『칼빈주석-디모데후서』, 칼빈성경주석출판위원회 역, 서울: 성서교재간행회, 1979.
, 『야고보서 주석』, 칼빈성경주석출판위원회 역, 서울: 성서교재간행회, 1978.
, 『히브리서 주석』, 칼빈성경주석출판위원회 역, 서울: 성서교재간행회, 1980.
, 『요한일서 주석』, 칼빈성경주석출판위원회 역, 서울: 성서교재간행회, 1978.
, 『기독교 강요』, 원광연 역. 파주: 크리스챤다이제스트, 2003.
, 『라틴어 직역 기독교 강요[1536년 라틴어 초판]』, 문병호 역, 서울: 생명의말씀사, 2009.
, 『기독교 강요 초판』, 양낙홍 역, 고양: 크리스챤다이제스트, 2008.
칼뱅, 장, "성만찬 소고", 『칼뱅소품집 1』, 박건택 역, 서울: 크리스천 르네상스, 2016.

, "사돌레토에게 주는 답신", 『칼뱅소품집 1』, 박건택 역, 서울: 크리스천 르네상스, 2016.
, "교회법령", 『칼뱅소품집 1』, 박건택 역, 서울: 크리스천 르네상스, 2016.
, "제네바 교리문답", 『칼뱅소품집 2』, 박건택 역, 서울: 크리스천 르네상스, 2016.
켈리, J.N.D., 『고대 기독교 교리사』, 박희석 역, 고양: 크리스챤다이제스트, 2004.
크루쉐, 베르너. 『칼빈의 성령론』, 정일권 역, 부산: 개혁주의학술원, 2017.
클라우니, 에드먼드 P., 『교회』, 황영철 역. 서울: IVP, 1998.
킷텔, 게르하드, 『킷텔 단권 원어 사전』, 서울: 요단출판사, 1986.
티슬턴, 앤터니, 『조직신학』, 박규태 역, 서울: IVP, 2018.
, 『고린도전서』, 권연경 역, 서울: SFC, 2011.
파아커, T.H.L., 『칼빈과 설교』, 김남준 역, 서울: 솔로몬, 2003.
패커, 제임스, 『성령을 아는 지식』, 홍종락 역 서울: 홍성사, 2002.
퍼거슨, 싱클레어, 『성화란 무엇인가』, 이미선 역, 서울: 한국장로교출판사, 2001.
, 『성령』, 김재성 역, 서울: IVP, 1999.
하재성, "Calvin의 인간론: 일그러진 의지와 탁월한 이성", 「복음과 상담」 12 (2009): 231-261.
호튼, 마이클, 『칼뱅이 말하는 그리스도인의 삶』, 김광남 역, 서울: 부흥과개혁사, 2016.
, 『개혁주의 조직신학』, 이용중 역, 서울: 부흥과개혁사, 2012.
홀트롭, 필립, 『기독교 강요 연구 핸드북』 박희석/이길상 역, 고양: 크리스챤다이제스트, 1995.
황대우, "칼빈의 교회 직분론, 교회 건설을 위한 봉사와 질서", 『칼빈과 교회』, 부산: 개혁주의학술원, 2007.
후크마, 안토니 A., 『개혁주의 인간론』, 류호준 역. 서울: 기독교문서선교회, 2012.

Barth, Hans-Martin, *The Theology of Martin Luther*, Minneapolis: Fortress Press, 2012.

Blumhofer, Edith L., *Restoring the Faith: The Assemblies of God, Pentecostalism, and American Culture*, Urbana/Chicago: Univ. of Illinois Press, 1993.

Calvin, John, *Calvin's New Testament commentaries; Galtians, Ephesians, Philippians and Colossians*. trans. T.H.L Parker. Louisville, Ky.: Westminster/John Knox Press, 1993.

Carson, D. A., *Showing the Spirit: A theological exposition of* 1 *Corinthian* 12-14, Grand Rapids: Baker Books, 1987.

Fee, Gordon D., *NICNT, The First Epistle to the Corinthians*, Grand Rapid: Eerdmans Publishing, 1987.

Henderson, Robert W., *The Teaching Office in the Reformed Tradition*, Eugene: Wipf and Stock Publishers, 2014.

Koenig, John, *Charismata: God's Gifts for God's People*, Philadelphia: Westminster Press, 1978.

McDonnell, Kilian, *John Calvin the Church, and the Eucharist*, Princeton: Prinston University Press, 1967.

McKee, Elsie Anne, *Elders and the Plural Ministry: The Role of Exegetical History in Illuminating John Calvin's Theology*, Geneve: Librairie Droz S.A., 1988.

Smail, Tom, *The Giving Gift: The Holy Spirit in Person*, London: Longman and Todd Ltd, 1994.

Schroeder, Reverend H. J. *The Cannons and Decrees of the Council of Trent*, Charlotte: TAN Books, 2011.

요약 해답

제1장. 칼뱅의 은사 이해

1. 은사에 대한 개괄적 이해

1. 선물 / 2. 크리스천, 현현(顯現) / 3. 초자연적, 자연적

2. 신약주석에 나타난 은사이해

(1) 로마서 12장 6-8절

1. 교회론적 / 2. 교회의 덕, 질서 / 3. 교만 / 4. 직분 / 5-1. 해석자 / 5-2. 목사 / 5-3. 해석자 직분 / 5-4. 권면 / 5-5. 공교회 / 5-6. 돌보는 / 5-7. 장로 / 5-8. 목사, 집사, 장로

(2) 고린도전서 12장 8-10절

1. 복음 선포 / 2. 가르침 / 3. 기적 / 4. 한시적 / 7. 사역자 / 8. 다른

(3) 에베소서 4장 11-12절

1. 말씀 사역 / 2. 직접 목격, 성경 / 3. 사도성, 말씀 선포, 성례 / 5. 예언 / 6. 선지자, 사도 / 7. 말씀, 성례 / 8. 성경 해석

(4) 사도행전 8장 14-17절

1. 교회 / 2. 중생 / 3. 오용, 심판

3. 『기독교 강요』에 나타난 은사 이해

(1) 창조와 은사

1. 그리스도 / 2. 은사 / 3. 보편, 특별 / 4. 은혜 / 5. 종교의 씨앗

(2) 인간과 은사

1. 창조주, 자기 자신 / 4. 지성, 학예와 공예 / 5. 노예의지 / 6. 양심

(3) 그리스도와 은사

1. 상이 배분 / 2. 교회를 세우는 것 / 3. 세 직분 / 4. 화목 제물 / 6. 말씀, 교사와 목사 / 7. 성육신 / 8. 율법 / 9. 승천 / 10. 세례, 성장 / 11. 그리스도 자신 / 12. 믿음

(4) 교회와 은사

1. 양육, 훈련 / 2. 제네바 목사회, 제네바 아카데미 / 3. 복음 설교, 교리 교육 / 4.교사, 장로 / 5. 성령, 말씀의 사역자 / 7. 기원 / 8. 기능 / 9. 결과

4. 칼뱅의 관점에서 살펴본 오순절 운동의 은사 이해

1. 보내심, 그리스도 / 2. 성령세례, 중생, 능력 / 4. 성령충만 / 5. 성경, 은혜의 방편 / 6. 삼위일체론

제2장. 성화와 은사

1. 창조론과 섭리론적 관점

1. 일반, 특별, 매우 특별한 / 3. 이용(uti), 향유(frui) / 4. 구별됨 / 5. 회복

2. 인간론적 관점

1. 중생 / 2. 이웃 사랑 / 3. 분배 / 4. 그리스도 / 5. 내세

3. 기독론적 관점

1. 예수 그리스도 / 2. 연합 / 3. 선지자장 / 4. 죽이는, 살리는 / 5. 중재자 / 7. 성찬

4. 성령론적 관점

1. 한시적, 지속적 / 3. 공동체 / 4. 성화 / 5. 은사 / 7. 직분 / 8. 확신

5. 교회론적 관점

2. 직분 / 3. 도구들 / 4. 복음 선포, 복종 / 5. 세례, 성찬 / 6. 공동 재산

미주

[서문, 프롤로그]

1 헤르만 바빙크, 『교회를 위한 신학』, 박태현 역 (군포: 도서출판 다함), 70.
2 칼빈, 기독교강요 1.6.3.
3 유창형, 『칼빈과 성화』 (용인: 칼빈대학교 출판부, 2014), 59.
4 존 칼빈, 『기독교 강요』, 원광연 역 (고양: 크리스챤다이제스트, 2003), 3.3.9. 이하 Inst.로 표기한다.
5 『웨스트민스터 소요리문답』 10문.
6 이신열, "교회의 속성에 대한 개혁 신학적 이해: 은사를 중심으로" 「개혁논총」 34 (2015): 153-183, 153.
7 Inst., 3.2.34.

[제1장]

1 리차드 개핀, 『성령 은사론』, 권성수 역 (서울: 기독교문서선교회, 1983), 57.
2 게르하르트 킷텔, 『킷텔 단권 원어 사전』 (서울: 요단출판사, 2008), 1448.
3 킷텔, 『킷텔 단권 원어 사전』 1453.
4 제임스 스트롱, 『로고스 히브리어 헬라어 사전』 (서울: 로고스, 2015), code # 5483.
5 존 M. G. 바클레이, 『바울과 선물』, 송일 역 (서울: 새물결플러스, 2019), 967.

6 바클레이, 『바울과 선물』, 967.

7 아놀드 비틀링거, 『은사와 은혜』, 정인찬·조원길 공역 (서울: 기독지혜사, 1988), 22.

8 비틀링거, 『은사와 은혜』, 26.

9 John Koenig, *Charismata: God's Gifts for God's People* (Philadelphia: Westminster Press, 1978), 21.

10 Koenig, *Charismata*, 23.

11 Koenig, *Charismata*, 25.

12 Koenig, *Charismata*, 29-32.

13 존 스토트, 『오늘날의 성령의 사역』, 조병수 역 (서울: 개혁주의신행협회, 2002), 132.

14 스토트. 『오늘날의 성령의 사역』, 128, 132.

15 개핀, 『성령 은사론』, 56,

16 개핀, 『성령 은사론』, 57,

17 개핀, 『성령 은사론』, 51-52.

18 개핀, 『성령 은사론』, 54-57.

19 개핀, 『성령 은사론』, 58. 이 주제를 본격적으로 다룬 책으로는 다음을 참고할 것. Tom Smail, *The Giving Gifts: The Holy Spirit in Person* (London: Longman and Todd Ltd, 1994).

20 D. A. Carson, *Showing the Spirit* (Grand Rapids: Baker Books, 1987), 22.

21 Carson, *Showing the Spirit*, 24.

22 Carson, *Showing the Spirit*, 23.

23 Carson, *Showing the Spirit*, 24.

24 바클레이, 『바울과 선물』, 127-40. 초충만성은 선물의 크기, 중요성, 또는 영속성에 관한 것으로 선물이 더 충만하고 포괄적일수록 선물은 더 완벽하게 보인다. 단일성은 선물이 건네지는 기조를 말하는 것으로, 수여자의 단독적이고 배타적인 행동방식인 자선이나 선함의 개념을 표현한다. 우선성은 선물이 건네지는 시점인데, 완벽한 시점이란 선물의 수여가 수혜자의 요구보다 언제나 앞서 발생함을 말한다. 비상응성이란 선물이

관대하게 주어지나 또한 선별적으로 주어져야 함을 말하며, 선물은 알맞고 합당하고 적합한 자에게 주어지는 차별성이 있어야 실제로 좋은 선물이 된다. 유효성은 선물의 효과를 생각해볼 때 선물의 원래 의도를 충분히 성취하는 선물이 완벽한 선물이다. 비순환성은 선물에는 그에 대한 답례가 요구되거나 강요될 수 없음을 나타낸다.

25 바클레이,『바울과 선물』, 144.

26 웨인 그루뎀,『조직신학(하)』, 노진준 역 (서울: 은성, 1997), 278. 그루뎀은 영적 은사의 강도 차이가 나타나는 것에는 하나님의 영향과 인간의 영향이 함께 작용함으로 비롯된다고 말하면서도, 인간적인 영향은 경험, 훈련, 지혜, 은사를 사용하는 타고난 능력에서 온다고 말한다. 그러나 이와 동시에 하나님의 영향과 인간의 영향이 어떤 비율로 조화를 이루는지는 알 길이 없으며 알 필요도 없다고 주장하는데, 왜냐하면 타고난 것이라 생각하는 능력조차도 하나님으로부터 오며(고전 4:7) 하나님의 주권 아래 있기 때문이라고 말한다. 사실상 그가 주장하는 인간적인 영향도 결국 하나님으로부터 주어진 것에 불과하다는 것을 스스로 인정하는 셈이다.

27 바클레이,『바울과 선물』, 967.

28 Inst., 2.2.19. 인간 안에 하나님의 형상의 잔존에 대한 여부는 브룬너와 바르트 사이에 주요한 논쟁이었다. 이 둘은 칼뱅이 주장하는 형상의 잔존여부에 대해서도 극명한 대조를 가지고 있다. 브룬너는 하나님의 형상을 형식적(formal) 형상과 질료적(material) 형상으로 구분하였으며, 이성과 같은 형식적 형상은 아담의 타락에도 파괴되지 않았으나 본래적 의(*justitia originalis; 원의[原義]*)는 파괴되었다고 본다. 반면 바르트는 브룬너가 "형식적인 하나님의 형상"을 사람이 계시 없이 하나님의 뜻을 "어떻게든" "어느 정도까지" 알고 행할 수 있음을 의미한다고 공격한다. 따라서 바르트는 브루너가 오직 믿음, 오직 은혜 교리를 고수할 수 없다고 말하며 하나님의 형상의 전적상실을 주장한다. 자세한 내용은 Emil Brunner & Karl

Barth, Natural Theology (Eugene/Oregon: Wipf and Stock Publishers, 2002)을 참고할 것.

29 Inst., 2.2.12.

30 Inst., 2.2.13-16.

31 아리 바르스, "은사주의적 칼빈(Charismatic Calvin)", 「갱신과 부흥」 10 (2012): 235.

32 이신열, "부에 대한 칼빈의 이해", 「갱신과 부흥」 15 (2015): 74-97, 75-76.

33 바르스, "은사주의적 칼빈(Charismatic Calvin)", 235.

34 Inst., 3.3.14.

35 칼빈, 『칼빈주석: 로마서』, 380.

36 이신열, "*칼빈의 은사 이해", 81.*

37 칼빈, 『칼빈주석: 로마서』, 381.

38 칼빈, 『칼빈주석: 로마서』, 381.

39 마틴 루터, 『로마서 주석』, 이재하, 강치원 역 (서울: 두란노아카데미, 2011), 491.

40 Elsie Anne McKee, *Elders and the Plural Ministry: The Role of Exegetical History in Illuminating John Calvin's Theology* (Geneve: Librairie Droz S.A, 1988), 174. "Luther does not identify all the gifts in Rom. 12:6-8 with precise offices, but he does see the functions as special tasks of the <<clergy>>."

41 칼빈, 『칼빈주석: 로마서』, 382.

42 토마스 슈라이너, 『BECNT 로마서』, 배용덕 역 (서울: 부흥과개혁사, 2012), 776.

43 칼빈, 『칼빈주석: 로마서』, 382.

44 이신열, "*칼빈의 예언 이해", 「생명과 말씀」 3 (2011): 89-122, 117.*

45 무, 『NICNT 로마서』, 1028.

46 칼빈, 『칼빈주석: 로마서』, 383.

47 칼빈, 『칼빈주석: 로마서』, 384.

48 칼빈, 『칼빈주석: 로마서』, 384.

49 Inst., 4.3.9.

50 칼빈, 『칼빈주석: 로마서』, 384.

51 칼빈, 『기독교 강요 초판』, 397.

52 McKee, *Elders and the Plural Ministry,* 40. "It is intriguing to note that it was the political implication of Rom. 12:8 which apparently stuck Calvin first. The Reformer's Protestantism is obvious. It is not clear exactly what Calvin means by the <<upbuilding of the church>>. It seems to refer to the duty of the Christian ruler to protect and support the church, and the address to Francis I would give point to the comment.

53 칼빈, 『고린도전서 주석』, 357.

54 칼빈, 『고린도전서 주석』, 358.

55 칼빈, 『고린도전서 주석』, 63-66.

56 앤터니 티슬턴, 『조직신학』, 박규태 역 (서울: IVP, 2018), 433.

57 칼빈, 『골로새서 주석』, 570.

58 앤터니 티슬턴, 『고린도전서』, 권연경 역 (서울: SFC, 2011), 351.

59 칼빈, 『고린도전서 주석』, 358.

60 Gordon D. Fee, *The First Epistle to the Corinthians NICNT* (Grand Rapids: Eerdmans, 1987), 618.

61 이신열, "칼빈의 은사 이해", 99.

62 칼빈, 『고린도전서 주석』, 358.

63 티슬턴, 『고린도전서』, 352.

64 존 칼빈, 『야고보서 주석』, 칼빈성경주석출판위원회 역 (서울: 성서교 재간행회, 1978), 368-69.

65 칼빈, 『고린도전서 주석』, 358.

66 칼빈, 『고린도전서 주석』, 359.

67 바르스, "은사주의적 칼빈(Charismatic Calvin)", 237.

68 바르스, "은사주의적 칼빈(Charismatic Calvin)", 238.

69 바르스, "은사주의적 칼빈(Charismatic Calvin)", 238-39.

70 싱클레어 퍼거슨, 『성령』, 김재성 역 (서울: IVP, 1999), 70-71.

71 존 칼빈, 『요한일서 주석』, 칼빈성경주석출판위원회 역 (서울: 성서교 재간행회, 1978), 252.

72 칼빈, 『요한일서 주석』, 253-254.
73 칼빈, 『고린도전서 주석』, 101.
74 이신열, "*칼빈의 은사 이해*", *101.*
75 티슬턴, 『고린도전서』, 357.
76 크루쉐, 『칼빈 성령론』, 495.
77 존 칼빈, 『요한일서 주석』, 254.
78 크루쉐, 『칼빈 성령론』, 495, Inst., 4.9.8.
79 티슬턴, 『조직신학』, 437. "신약학자들이 방언에 대해 제시하는 견해는 적어도 여섯 가지이다. 방언은 천사의 말이다[E. 엘리스(Ellis), G. 다우첸베르크(Dautzenberg)], 방언은 다른 언어를 말할 수 있는 기적의 능력이다[오리게네스, 크리소스토무스, 아퀴나스, 칼뱅, 로버트 건드리 (Robert Gundry), 포브스], 방언은 전례 문구거나 고어 문구거나 리듬 있는 문구다[블레크(Bleek), 하인리치 (Heinrici)], 방언은 무아지경에서 나오는 말이다[테르툴리아누스, S. D. 퀴리 (Cuirrie), M. E. 보링(Boring), L. T. 존슨(Johnson), C. G. 윌리암스(Williams)], 방언은 무의식에서 솟아나는 말이다(게르트 타이센, 그리고 사실상 크리스터 스텐달), 방언은 롬 8:26에서 표현하는 것처럼 "말할 수 없는 탄식"이다(프랭크 D. 마키아 E. 케제만). 여섯 번째 견해는 다섯 번째 견해와 양립 불가능하지 않다. 의식적 생각이라는 억제하는 검열에서 벗어나는 것도 성령이 제공한 것이거나 롬 8:26과 유사한 것일 수 있다."
80 칼빈, 『사도행전 I 주석』, 72.
81 칼빈, 『사도행전 I 주석』, 72.
82 바르스, "은사주의적 칼빈(Charismatic Calvin)", 241.
83 칼빈, 『사도행전 I 주석』, 70.
84 칼빈, 『사도행전 I 주석』, 422.
85 칼빈, 『고린도전서 주석』, 407.
86 칼빈, 『고린도전서 주석』, 389.
87 칼빈, 『고린도전서 주석』, 390.

88 칼빈, 『사도행전 I 주석』, 421.

89 방언을 구속사적, 교회론적, 예배론적 관점에서 잘 설명한 권기현의 책 『방언이란 무엇인가』(경산:R&F, 2016)를 참고하라. 권기현은 이 책에서 방언을 사도행전과 고린도전서만이 아니라 구약성경과 신약의 계시록에 이르기까지 모든 용례를 찾아 설명하는데, 유독 고린도전서의 방언만을 따로 떼어내어 방언을 천상의 언어로 해석하려는 시도는 성경 전체의 통일성에도 위배된다고 주장한다. 또한 고린도전서의 방언이 칼뱅의 주장과 같이 외국어였음을 주장하는 이들로 오리겐, 크리소스톰, 토마스 아퀴나스, 찰스 하지등이 있음을 소개한다.

90 칼빈, 『고린도전서 주석』, 394.

91 Inst., 3.20.33.

92 칼빈, 『고린도전서 주석』, 394.

93 Inst., 3.20.33.

94 칼빈, 『고린도전서 주석』, 397.

95 칼빈, 『고린도전서 주석』, 397.

96 개핀, 『성령은사론』, 148. 개핀은 이 문제는 이 책의 범위 밖의 것이라며 이 질문에 대해 즉답을 피한다. 그러나 분명한 사실은 오늘날 방언은 사도행전 2장과 고전 12-14장에서 묘사하는 성령의 은사가 아니라는 점이다.

97 http://reformedjr.com/board02/4487 개혁정론(성경이 말하는 방언, 2016.11.2.일 기고), 성경적 방언이 되려면 전달 내용에 있어 하나님의 계시가 있어야 하고, 전달 방식에 있어서는 통역이 가능한 언어야야 하는데 오늘날의 방언현상은 이 둘을 충족하지 못하기 때문에 이언(異言)으로 규정짓는다. 이성호는 오늘날의 방언현상을 완전히 무시하지 않고 약간의 유익이 있을 수 있음을 암시하였으나, 그것을 구체적으로 설명하지 않는 아쉬움이 있다. 다만 이는 현상학적으로 나타나는 방언과 성경적 방언의 양 입장을 절충적으로 설명한 방식이라 생각된다.

98 제임스 패커, 『성령을 아는 지식』, 298-300.

99 칼빈, 『요한네스 칼빈의 제네바 교회의 교리문답』, 박위근/

조용석 역 (서울: 한들출판사, 2010), 163. "247문. 그렇다면 우리가 이해할 수 없는 낯선 언어(*exotica lingua*)를 사용하며 기도하는 것에 대하여 어떻게 생각하십니까? 그것은 하나님을 조롱하는(*ludere*) 것과 다름이 없습니다. 그리스도인은 이와 같은 위선자(*hypocrisis*)가 되어서는 안됩니다."

100 칼빈, 『고린도전서 주석』, 401-402.

101 개핀, 『성령은사론』, 127-28.

102 티슬턴, 『고린도전서』, 438.

103 칼빈, 『고린도전서 주석』, 408.

104 크루쉐, 『칼빈의 성령론』, 503.

105 크루쉐, 『칼빈의 성령론』, 503.

106 이신열, "칼빈의 은사 이해", 93.

107 칼빈, 『고린도전서 주석』, 359.

108 Inst., 4.1.1.

109 칼빈, 『에베소서 주석』, 336.

110 칼빈, 『에베소서 주석』, 338.

111 마이클 호튼, 『개혁주의 조직신학』, 이용중 역 (서울: 부흥과개혁사, 2012), 875.

112 호튼, 『개혁주의 조직신학』, 875.

113 칼빈, 『고린도전서 주석』, 369

114 칼빈, 『에베소서 주석』, 338.

115 칼빈, 『에베소서 주석』, 338.

116 칼빈, 『에베소서 주석』, 338.

117 칼빈, 『에베소서 주석』, 338.

118 칼빈, 『고린도전서 주석』, 370.

119 칼빈, 『고린도전서 주석』, 370.

120 칼빈, 『에베소서 주석』, 304.

121 칼빈, 『에베소서 주석』, 339.

122 Inst., 4.3.4. 칼뱅은 자주 루터를 '사도'라고 칭하였는데, 비록 그가 눈으로 그리스도를 목격하지는 않았지만, 적그리스도의 배역으로부터 교회를 돌이키기 위해 하나님께서 사도를 세워

하나님을 향한 참된 순종의 자리로 이끌기 때문이다. 그럼에도 불구하고 이 세 직분은 올바른 체제를 갖춘 교회들에서는 자리할 여지가 없다.

123 칼빈, 『에베소서 주석』, 339.

124 Inst., 4.3.4.

125 Inst., 4.3.6.

126 Inst., 4.3.5.

127 칼빈, 『고린도전서 주석』, 369-70.

128 바르스, "은사주의적 칼빈(Charismatic Calvin)", 245-46. 바르스(Arie Baars)는 목사와 교사를 영구적 직분으로 허락하신 이유를 다음의 다섯 가지로 설명한다. 첫째, 질서 정연한 교회 생활을 위해 목사와 교사가 필요하다. 둘째, 구약 성경에 깊이 뿌리 내린 은사들은 그리스도의 오심에 의해 성취되었기 때문이다. 셋째, 복음 선포의 적법성의 동기 때문이다(당시 복음이 널리 전파되도록 사도와 복음전도자의 직분, 방언과 치유의 은사가 충만했다). 넷째, 오순절 이후 교회는 경험적으로 다양한 은사들이 사라졌음을 경험했다. 다섯째, 유익에 대해 감사하지 못했기 때문에 하나님께서는 많은 은사들을 제거하셨다.

129 칼빈, 『사도행전 I 주석』, 319.

130 크루쉐, 『칼빈의 성령론』, 499.

131 크루쉐, 『칼빈의 성령론』, 500.

132 크루쉐, 『칼빈의 성령론』, 501.

133 크루쉐, 『칼빈의 성령론』, 503.

134 칼빈, 『사도행전 I 주석』, 420.

135 크루쉐, 『칼빈의 성령론』, 503. "칼빈은 어디에서도 교회에게 단지 일시적으로(auf Zeit) 주어진 성령 은사들에 대한 완결된 열거를 제공하지 않고 있다. … 칼빈은 분명 특정한 성령 은사들은 단지 역사적으로 흥미로운 것으로 주장하려고 시도하지 않았다. 그리고 여기서 어떤 경우에도 결연한 표현들을 사용해서는 안된다: 모든 시대에 교회에서의 동일한

성령 은사들이 존재해야 한다고 가르쳐서도 안 되고 특정한 성령 은사들(예를 들어서 방언)이 모든 시대 동안 소멸되었고 결코 다시 교회 안에서 나타날 수 없다고도 주장해서도 안된다."

136 Inst., 4.19.19.

137 Inst., 4.8.12.

138 칼빈, 『사도행전 I 주석』, 321.

139 칼빈, 『사도행전 I 주석』, 321-22. 칼뱅은 행 19:2에서 "너희가 믿을 때에 성령을 받았느냐"라는 부분을 주석할 때에도 같은 의미로 성령 받음을 해석한다.

140 칼빈, 『사도행전 I 주석』, 321.

141 칼빈, 『사도행전 I 주석』, 321.

142 칼빈, 『사도행전 I 주석』, 322.

143 칼빈, 『사도행전 I 주석』, 322. 로마 가톨릭은 견진성사를 그리스도께서 제정한 성례전 중에 하나로 보는데, 세례를 통해 맺어진 하나님과 인간의 관계가 믿음안에서 더욱 강해지도록 주교나 사제로부터 거룩한 기름을 부어 안수함으로 성령이 임하며 믿음이 굳건케 되는 의식이다.

144 크루쉐, 『칼빈의 성령론』, 504.

145 이신열, "칼빈의 은사 이해", 94.

146 크루쉐, 『칼빈의 성령론』, 491.

147 이신열, "칼빈의 은사 이해", 93.

148 황대우, "칼빈의 교회 직분론", 『칼빈과 교회』 (부산: 개혁주의학술원, 2007), 181.

149 크루쉐, 『칼빈의 성령론』, 493.

150 크루쉐, 『칼빈의 성령론』, 490.

151 칼빈, 『고린도전서 주석』, 371.

152 크루쉐, 『칼빈의 성령론』, 492.

153 각주 282번 크루쉐의 의견을 참고하라. 칼뱅은 어디에서도 교회에게 단지 일시적으로(auf Zeit) 주어진 성령 은사들에 대한 완결된 열거를 제공하지 않고 있다. 그러나 치유의 은사, 예언(미래예언으로서의)의 은사, 언어의 은사(외국어에 대한

지식의 은사로 이해한 것), 귀신을 내쫓는 은사, 그리고 다른 은사들과 같은 특별히 기적적이고 이목을 끄는 은사들은 중단된 것으로 이해한다(크루쉐 칼빈 성령론 502-503 참고).

154 Inst., 2.2.12.

155 바르스, "은사주의적 칼빈(Charismatic Calvin)", 249-50.

156 바르스, "은사주의적 칼빈(Charismatic Calvin)", 247. 이와 같은 주장을 한 신학자들에는 찰스 하지(Charles Hodge), 벤자민 B. 워필드(Warfield), 월터 챈트리(Walter Chantry), 리차드 B. 개핀 주니어 등이 포함된다.

157 Inst., 4.3.4.

158 이신열, "칼빈의 은사 이해", 100.

159 Inst., 4.19.19.

160 Inst., 1.1.2.

161 칼빈, 『에베소서 주석』, 349. "보편적인 생명은 움직임과 감각적인 의미에서 존재하는 생명으로 짐승들도 함께 가지고 있는 생명이며, 인간의 생명은 아담의 후손으로서 가지고 있는 생명을 말하며, 초자연적 생명은 오직 신자들만 가지고 있는 생명이다. 이 세 단계 모두가 다 하나님께로부터 오는 것이므로 하나님의 생명이다."

162 크루쉐, 『칼빈의 성령론』, 32.

163 존 칼빈, 『창세기 주석』, 칼빈성경주석출판위원회 역 (서울: 성서교재간행회, 1978), 63.

164 Inst., 1.14.2.

165 Inst., 1.16.6.

166 Inst., 1.16.7.

167 Inst., 1.16.1.

168 수전 슈라이너, "창조와 섭리", 『칼빈 핸드북』, 헤르만 셀더하위스 편 (서울: 부흥과개혁사, 2013), 529.

169 이신열, "칼빈의 공관복음 주석에 나타난 섭리 이해", 155.

170 이오갑, "칼빈의 섭리론", 24.

171 송인규, 『일반은총과 문화적 산물』 (서울: 부흥과개혁사, 2012), 9.

172 문병호, "종교개혁 500주년에 다시 돌아보는 칼빈 신학", 「종교개혁 500주년과 개혁신학」 (2017): 37-68, 52.
173 Inst., 2.2.17.
174 Inst., 1.16.7.
175 Inst., 1.14.22.
176 Inst., 1.5.3.
177 Inst., 2.2.15.
178 Inst., 1.3.1.
179 문병호, "종교개혁 500주년에 다시 돌아보는 칼빈 신학", 12.
180 Inst., 1.1.1.
181 Inst., 2.2.12.
182 안토니 A. 후크마, 『개혁주의 인간론』, 류호준 역 (서울: 기독교문서선교회, 1990), 23.
183 Inst., 1.15.3.
184 Inst., 1.15.3.
185 후크마, 『개혁주의 인간론』, 77.
186 Inst., 1.1.1.
187 Inst., 1.15.4.
188 Inst., 1.15.4.
189 Inst., 1.15.4.
190 Inst., 2.1.9.
191 Inst., 2.3.3.
192 Inst., 2.3.4.
193 헤르만 바빙크, 『칼빈과 일반은총』, 손두환 역 (서울: 성암문화사, 1970), 39.
194 하재성, "Calvin의 인간론: 일그러진 의지와 탁월한 이성", 「복음과 상담」 12 (2009): 231-61, 232.
195 Inst., 2.2.17.
196 Inst., 2.2.13.
197 Inst., 2.2.13.
198 칼빈, 『기독교 강요 초판』, 394.

199 Inst., 2.2.14.

200 Inst., 2.2.13.

201 Inst., 4.20.4.

202 Inst., 2.2.16.

203 Inst., 2.2.15.

204 Inst., 2.2.13.

205 Inst., 2.2.2.

206 Inst., 2.2.4. 크리소스톰은 "모든 것이 다 하나님의 도우심에 의존되지 않기 위해서는, 동시에 우리가 자신의 것을 내어놓아야 한다"고 말했으며, 제롬은 "우리의 일은 시작하는 것이요, 하나님의 일은 완성하는 것이다"라고 말하며 인간 의지의 능력을 치켜 세우지만, 칼뱅은 이러한 견해들이 철저히 그릇된 것이라고 반론한다.

207 Inst., 2.2.8.

208 Inst., 2.3.5.

209 후크마, 『개혁주의 인간론』, 79. 칼뱅이 말하는 잔여물로서의 하나님의 형상에는 지성과 감정, 의지의 요소들이 다 포함되어 있는데, 선과 악을 구별할 수 있는 지성, 죄책이 인간 속에서 자극하여 생기게 되는 수치심(감정), 법들에 의해 계속적으로 지배받게 되는 일(의지) 등이 있다.

210 Inst., 2.2.22.

211 Inst., 2.12.2.

212 "3.1. 은사에 대한 개괄적 이해"를 참고하라,

213 개핀, 『성령 은사론』, 14, 23-24.

214 코르넬리스 판 더 코이, "기독론", 『칼빈 핸드북』, 헤르만 셀더하위스 편 (서울: 부흥과개혁사, 2013), 512. "칼빈은 그리스도의 두 본성 교리보다는 그리스도가 자신의 교회를 돕기 위하여 오신 각각의 직분에 더 큰 관심을 가졌던 것 같은 인상을 풍긴다."

215 이신열, "칼빈의 은사 이해", 85.

216 Inst., 2.15.1.

217 로버트 레탐, 『그리스도의 사역』, 황영철 역 (서울: IVP, 2000), 21.

218 판 더 코이, "기독론", 513.

219 Inst., 2.15.6.

220 Hans-Martin Barth, The Theology of Martin Luther (Minneapolis: Fortress Press, 2012), 307. "To make clear that Christ identifies with believers Luther takes up the model drawn from tradition of the "joyful exchange" (admirabile commercium)."

221 Inst., 2.15.6.

222 Inst., 2.15.2.

223 Inst., 2.15.5.

224 Inst., 2.15.3.

225 Inst., 2.15.4.

226 Inst., 2.15.5.

227 판 더 코이, "기독론", 516.

228 Inst., 2.15.2.

229 Robert W. Henderson, The Teaching Office in the Reformed Tradition (Eugene: Wipf and Stock Publishers, 2014), 25. "Calvin made a connection between the prophetic office of Christ and the doctoral office in the church, and that he did this in the realm of the work of Christ, is very evident."

230 판 더 코이, "기독론", 516.

231 판 더 코이, "기독론", 509.

232 Inst., 2.12.2.

233 Inst., 2.13.4.

234 Inst., 2.16.5.

235 Inst., 2.16.5.

236 Inst., 2.16.13.

237 Inst., 2.16.13.

238 Inst., 1.13.11.

239 Inst., 1.13.11.
240 Inst., 2.16.14.
241 Inst., 2.16.14.
242 Inst., 2.16.15.
243 판 더 코이, "기독론", 515.
244 Inst., 4.14.1.
245 Inst., 4.14.3.
246 Inst., 4.14.3.
247 Inst., 4.14.26.
248 키이스 A. 매티슨, 『성찬의 신비』, 이신열 역 (부산: 개혁주의학술원, 2015), 32.
249 장 칼뱅, "성만찬 소고", 『칼뱅소품집 1』, 박건택 역 (서울: 크리스천 르네상스, 2016), 573.
250 Inst., 4.17.3.
251 칼빈, "사돌레토에게 주는 답신", 551.
252 Inst., 4.17.7.
253 Inst., 4.17.31.
254 Kilian McDonnell, John Calvin, the Church, and the Eucharist (Princeton: Princeton University Press, 1967), 179. "A comparison of Calvin's teaching on the union with Christ which takes place in faith through the power of the Holy Spirit, with the union with Christ which takes place in the eucharist, also through the power of the Holy Spirit, will show how Calvin subsumed the eucharistic eating under the larger monent of faith, the perpetual eating.
255 Inst., 4.17.33.
256 Inst., 4.17.1.
257 Inst., 4.1.1.
258 Inst., 4.1.5. "하나님께서는 자기 백성들을 한순간 완전히 만드실 수 있지만, 그럼에도 불구하고 그는 그들이 오로지 교회의 교육을 통하여 장성한 자들로 자라나기를 원하신다는

것을 알 수 있다."

259 Inst., 4.1.1.

260 에드먼드 P. 클라우니, 『교회』, 황영철 역 (서울: IVP, 1998), 160.

261 스캇 마네치, 『칼빈의 제네바 목사회의 활동과 역사』, 신호섭 역 (서울: 부흥과개혁사, 2019), 85.

262 임종구, 『칼빈과 제네바 목사회』 (서울: 부흥과개혁사, 2015), 209.

263 김선권, "칼뱅의 교회정치 체제 및 교회법에 대한 연구", 「한국조직신학논총」 47 (2017): 7-48, 25-26.

264 박경수, "개혁교회의 요람 제네바 아카데미에 관한 연구", 191.

265 베버, 『칼빈의 교회관』, 58.

266 Inst., 4.1.6.

267 Inst., 4.2.3.

268 박상봉, "종교개혁과 교리교육", 『종교개혁과 교육』 (부산: 개혁주의학술원, 2017), 362.

269 스페이커르, 『칼빈의 생애와 신학』, 93.

270 스페이커르, 『칼빈의 생애와 신학』, 95.

271 스페이커르, 『칼빈의 생애와 신학』, 140.

272 유해무, "칼빈의 교회론, 교리와 목사직을 중심으로", 「칼빈과 교회」(부산: 개혁주의학술원, 2007), 24.

273 베버, 『칼빈의 교회관』, 63.

274 베버, 『칼빈의 교회관』, 64.

275 김선권, "칼뱅의 교회정치 체제 및 교회법에 대한 연구", 16.

276 Inst., 4.3.5.

277 베버, 『칼빈의 교회관』, 67.

278 베버, 『칼빈의 교회관』, 69.

279 베버, 『칼빈의 교회관』, 67-68.

280 안은찬, 『칼뱅의 목회신학』 (서울: 기독교문서선교회, 2007), 18.

281 Inst., 4.3.8.

282 김선권, "칼뱅의 교회정치 체제 및 교회법에 대한 연구", 26.

이정숙의 글을 참고할 것. 이정숙, "제네바 컨시스토리(The Genevan Consistory): 칼빈의 신학과 목회의 접목", 「한국기독교신학논총」 18 (2000): 159-86.

283 엘시 N. 맥키, 『개혁주의 전통과 디아코니아』, 류태선, 정병구 역 (서울: 한국장로교출판사, 2000), 18, 33.

284 이신열, "칼빈의 은사 이해", 80.

285 칼빈, 『요한복음 II 주석』, 146-47.

286 G. C. 베르까우어, 『개혁주의 교회론』, 나용화, 이승구 역 (서울: 기독교문서선교회, 2006), 18, 33.

287 이신열, "교회의 속성에 대한 개혁신학적 이해", 159. 전통적으로 니케아-콘스탄티노플 신경(381)에 기록된 통일성, 거룩성, 보편성, 그리고 사도성의 순서에 의해 교회의 속성을 살피나, 개핀의 은사에 대한 논의(벧전 5:5을 바탕으로, 게핀 『성령은사론』, 63.)에 근거하여 은사의 기원, 정의, 역할, 그리고 결과의 네 가지 차원에서 사도성, 보편성, 통일성, 거룩성의 순서로 고찰되었다.

288 이신열, "교회의 속성에 대한 개혁신학적 이해", 162.

289 이신열, "교회의 속성에 대한 개혁신학적 이해", 163.

290 베르까우어, 『개혁주의 교회론』, 136.

291 Inst., 4.1.2.

292 이신열, "교회의 속성에 대한 개혁신학적 이해", 169.

293 플라스거, "교회론", 640.

294 Inst., 4.1.3.

295 클라우니, 『교회』, 156.

296 이신열, "교회의 속성에 대한 개혁신학적 이해", 172.

297 이신열, "교회의 속성에 대한 개혁신학적 이해", 172.

298 Inst., 4.1.1.

299 이신열, "교회의 속성에 대한 개혁신학적 이해", 175.

300 티슬턴, 『조직신학』, 449. 루터는 토마스 뮌처(Thomas Munzer)와 안드레아스 칼슈타트(Andreas Karlstadt)를 광신자라 불렀는데, 이는 그들이 영적 '완벽주의'를 주장하며

'체험'을 강조함으로 이신칭의 교리를 폄하할 뿐 아니라 복음을 율법으로 대치하였다고 주장한다. 이런 운동의 대표자는 조지 폭스(George Fox, 1624-1691), 초기 퀘이커(Quaker) 교도, 에드워드 어빙(Edward Irving, 1792-1834)등이 있다.

301 Inst., 3.1.2.

302 제임스 패커, 『성령을 아는 지식』, 홍종락 역 (서울: 홍성사, 2002), 246.

303 이신열, "교회의 속성에 대한 개혁신학적 이해", 153.

304 이신열, "오순절 및 은사주의 신학에 나타난 은혜와 능력 개념에 대한 비판적 고찰", 「성경과 신학」 41 (2007): 98-133, 99.

305 티슬턴, 『조직신학』, 450-52. 파함은 그리스도의 임박한 재림 전에 있을 새 오순절을 알리는 표징으로 방언을 지목한다. 시모어는 로스앤젤레스 아주사 거리에서 사도신앙선교회(Apostolic Faith Mission)의 목사가 되어 1906년부터 1909년까지 아주사 부흥 운동을 이끌고, 이 운동이 유럽, 아프리카까지 퍼져 나갔다.

306 패커, 『성령을 아는 지식』, 243.

307 티슬턴, 『조직신학』, 453.

308 이신열, "오순절 및 은사주의 신학에 나타난 은혜와 능력 개념에 대한 비판적 고찰", 100-108. 삼단계 이론(three stage theory of salvation)은 칭의와 성화, 성령세례라는 세 가지 사건으로 구원을 이해하며, 성령세례는 성화된 삶을 전제로 하여 주어지는 축복이다. 이 삼단계 이론은 오순절 운동의 성령세례를 감리교적 구원의 해석의 틀로 이해하려는 시도에서 비롯되었다. 반면, 이단계 이론은 성화를 삼단계 이론에서 제외시키고 구원을 십자가에서 그리스도의 대속적 사역(칭의)과 성령의 사역(성령세례)이라는 두 단계로 받아들인다. 더함(William H. Durham, 1873-1912)은 삼단계 이론에 이의를 제기하는 동시에 감리교적인 완전 성화의 교리도 거부한다.

309 이신열, "오순절 및 은사주의 신학에 나타난 은혜와 능력 개념에

대한 비판적 고찰", 107.

310 이신열, "고전적 오순절 운동에서의 기독론과 성령론의 관계", 『학교법인 백석대학교 설립 제30주년 기념 논문집』, 297.

311 패커, 『성령을 아는 지식』, 243-44.

312 이신열, "오순절 및 은사주의 신학에 나타난 은혜와 능력 개념에 대한 비판적 고찰", 109.

313 이신열, "오순절 및 은사주의 신학에 나타난 은혜와 능력 개념에 대한 비판적 고찰", 110.

314 패커, 『성령을 아는 지식』, 254.

315 패커, 『성령을 아는 지식』, 264-68.

316 이신열, "교회의 속성에 대한 개혁신학적 이해", 156-57.

317 이신열, "오순절 및 은사주의 신학에 나타난 은혜와 능력 개념에 대한 비판적 고찰", 124.

318 김광열, "21세기 성령 운동 연구: '제3의 물결'에 대한 개혁신학의 평가"「개혁논총」17 (2011): 121-49, 127.

319 김광열, "21세기 성령 운동 연구", 128.

320 Inst., 1.9.1.

321 Inst., 1.9.3.

322 Inst., 1.9.3.

323 Inst., 4.8.13. 크리소스톰 또한 다음과 같이 지적한다. "많은 사람들이 성령에 대해 자랑하지만, 자기 자신의 생각을 말하는 자들은 거짓으로 성령을 이야기하는 것입니다. 그리스도께서 자기 스스로 말씀하지 않고(요 12:49; 14:10) 율법과 선지자에 근거하여 말씀한다고(요 12:50) 증언하셨으니, 성령의 이름을 빙자하여 전해지는 것 가운데 복음에서 떠나 있는 것은 그 어떠한 것도 믿지 말도록 합시다. 그리스도께서 율법과 선지자의 마침이 되시듯이(롬 10:4), 성령께서는 복음의 마침이신 것입니다."

324 패커, 『성령을 아는 지식』, 263.

325 David Reed, "Aspects of Origins of Oneness Pentecostals," in Aspects of Pentecostal-Charistmatic Origins, ed. Vision

Synan (Plainfield, NJ: Logos, 1975), 143-68, 이신열, "고전적 오순절 운동에서의 기독론과 성령론의 관계", 304.

326 이신열, "고전적 오순절 운동에서의 기독론과 성령론의 관계", 305.

327 존 헤셀링크, "성령론", 『칼빈 핸드북』, 헤르만 셀더하위스 편 (서울: 부흥과개혁사, 2013), 589.

328 존 칼빈, 『사도행전 II 주석』, 칼빈성경주석출판위원회 역 (서울: 성서교재간행회, 1978), 204.

329 칼빈, 『사도행전 II 주석』, 204.

330 칼빈, 『고린도전서 주석』, 355.

331 이신열, "부에 대한 칼빈의 이해", 94-95.

[제2장]

1 Inst., 1.16.3.

2 Inst., 1.16.7.

3 마네치, 『칼빈의 제네바 목사회의 활동과 역사』, 534. "병자가 죽음의 공포에 눌려 있을 때 칼빈은 목회자들에게 영원한 생명으로 인도하실 예수 그리스도를 신자들이 인도자와 보호자로 믿기 때문에 결코 죽음이 그리스도인을 파괴시킬 능력이 없음을 상기시켜야 할 것을 조언하였다."

4 Inst., 1.16.5.

5 Inst., 1.16.6.

6 김재윤, 『개혁주의 문화관』 (서울: SFC, 2015), 12.

7 이신열, "칼빈의 공관복음 주석에 나타난 섭리 이해", 160.

8 이오갑, "칼빈의 섭리론", 20-21. 일반섭리란 보편섭리라고도 불리는데, 하나님께서 모든 피조물을 만들면서 각각에게 부여한 속성대로 인도해가는 보편적 활동이다. 특별섭리는 개별섭리로 피조물을 자신의 선과 정의와 심판에 사용하도록 선인은 돕고 악인은 벌하시며 일반섭리라는 방편을 통해 특별섭리를 이루신다.

9 이오갑, "칼빈의 섭리론", 26.
10 에티엔느 질송, 『아우구스티누스 사상의 이해』, 김태규 역 (서울: 성균관대학교출판부, 2010), 326.
11 알리스터 맥그라스, 『종교개혁 시대의 영성』, 박규태 역 (서울: 좋은씨앗, 2010), 197.
12 호튼, 『칼뱅이 말하는 그리스도인의 삶』, 56.
13 맥그라스, 『종교개혁 시대의 영성』, 202.
14 필러, 『칼빈의 성화론』, 71.
15 Inst., 1.16.7.
16 Inst., 2.2.17.
17 Inst., 3.10.6.
18 박영선, 『구원 이후에서 성화의 은혜까지』, (서울: 이레서원, 2005), 20. "성령 충만의 명령은 이어지는 구절에서 인생 일반의 상황에 적용할 것을 요구한다. 구원받은 성도들에게 이 일상은 하나님의 사람으로 거듭난 의와 진리와 거룩으로의 싸움이며 훈련의 장이 된다."
19 호튼, 『칼뱅이 말하는 그리스도인의 삶』, 378.
20 맥그라스, 『종교개혁 시대의 영성』, 236-37.
21 후크마, 『개혁주의 인간론』, 79.
22 Inst., 1.15.3.
23 Inst., 1.15.4.
24 Inst., 1.15.3.
25 후크마, 『개혁주의 인간론』, 14.
26 Inst., 3.7.6.
27 송용원, 『칼뱅과 공동선』 (서울: IVP, 2017), 53.
28 송용원, 『칼뱅과 공동선』, 53.
29 Inst., 2.8.45.
30 필러, 『칼빈의 성화론』, 68.
31 맥그라스, 『종교개혁 시대의 영성』, 293.
32 월레스, 『칼빈의 기독교 생활원리』, 137.
33 Inst., 2.2.15.

34 후크마, 『개혁주의 인간론』, 332.
35 Inst., 2.12.6.
36 맥그라스, 『종교개혁 시대의 영성』, 293.
37 Inst., 3.11.10.
38 Inst., 2.16.5.
39 Inst., 2.15.6.
40 Inst., 3.3.9.
41 호튼, 『개혁주의 조직신학』, 587.
42 Inst., 2.16.19.
43 월레스, 『칼빈의 기독교 생활 원리』, 69.
44 이신열, "칼빈의 은사 이해", 86.
45 이신열, "칼빈의 예언 이해", 106.
46 Inst., 3.3.8. 우리는 본성적으로 하나님께로부터 돌아서있기 때문에, 자기를 부인하는 일이 선행되지 않고서는 절대로 공의, 자비, 거룩이라는 올바른 것으로 나아갈 수 없다.
47 이신열, "칼빈의 은사 이해", 88.
48 Inst., 2.15.2.
49 이신열, "칼빈의 예언 이해", 90.
50 Inst., 2.15.6.
51 이신열, "칼빈의 예언 이해", 89.
52 퀼러, 『칼빈의 성화론』, 107.
53 Inst., 2.15.4.
54 Inst., 2.15.5.
55 판 더 코이, "기독론", 516.
56 Inst., 2.15.3.
57 Inst., 2.15.5.
58 Inst., 2.16.16.
59 칼빈, 『요한복음 II 주석』, 140-41.
60 칼빈, "사돌레토에게 주는 답신", 551.
61 Inst., 4.17.11.
62 Inst., 4.17.3.

63 Inst., 2.16.19.
64 송용원, 『칼뱅과 공동선』, 170.
65 "3.2.6. 정리하며"의 표를 참고하라.
66 칼빈, 『고린도전서 주석』, 359.
67 칼빈, 『고린도전서 주석』, 356.
68 "3.3.5. 정리하며"를 참고하라.
69 Inst., 3.1.2.
70 칼빈, 『고린도후서 주석』, 53.
71 Inst., 3.3.14.
72 Inst., 3.3.14.
73 Inst., 3.1.3. 사 55:1, 44:3, 겔 7:37, 요 7:37을 참고하라.
74 칼빈, 『고린도전서 주석』, 359.
75 Inst., 3.1.1.
76 Inst., 3.2.1.
77 Inst., 3.2.7.
78 Inst., 3.1.2.
79 칼빈, 『고린도전서 주석』, 183.
80 Inst., 4.17.33.
81 "3.3.4.2."를 보라
82 칼빈, 『공관복음 I 주석』, 59.
83 Inst., 3.2.12.
84 Inst., 3.2.33.
85 Inst., 4.1.4.
86 이신열, "성화와 하나님의 은혜에 대한 칼빈의 이해", 81-82.
87 월레스, 『칼빈의 기독교 생활 원리』, 259.
88 Inst., 2.11.8.
89 Inst., 2.8.3.
90 퀼러, 『칼빈의 성화론』, 59.
91 Inst., 2.8.4.
92 Inst., 2.7.12. 칼뱅은 율법의 용도를 세 가지로 말하는데, 첫째는 책망적 혹은 교육적 용법(usus elenchticus sive

paedagogicus)으로 죄를 깨우치는 역할을, 둘째는 정치적 혹은 시민적 용법(usus politicus sive civilis)으로 죄를 억제하는 기능을, 셋째는 교훈적 혹은 규범적 용법(usus didacticus sive normativus)으로 성화의 삶의 지침이 된다.

93 Inst., 4.1.5.

94 Inst., 4.1.3.

95 베버, 『칼빈의 교회관』, 71.

96 황대우, "칼빈의 교회 직분론", 174.

97 칼빈, 『요한일서 주석』 4:1, 황대우, "칼빈의 교회 직분론", 181.

98 Inst., 4.8.1.

99 베버, 『칼빈의 교회관』, 33.

100 Inst., 4.3.6.

101 Inst., 4.3.1.

102 존 칼빈, 『히브리서 주석』, 칼빈성경주석출판위원회 역 (서울: 성서교재간행회, 1980), 58.

103 이신열, "교회의 속성에 대한 개혁신학적 이해", 164.

104 이신열, "교회의 속성에 대한 개혁신학적 이해", 169.

105 Inst., 4.1.1.

106 월레스, 『칼빈의 기독교 생활 원리』, 246.

107 이신열, "교회의 속성에 대한 개혁신학적 이해", 173.

108 Inst., 4.1.3.

109 이신열, "교회의 속성에 대한 개혁신학적 이해", 175.

110 Inst., 4.1.17.

111 송용원, 『칼뱅과 공동선』, 17. cf) 이종은은 『사회정의란 무엇인가: 현대 정의 이론과 공동선 탐구』 (서울: 책세상, 2015)에서 공동선을 다음과 같이 네 가지로 설명한다. 첫째, 사회 집단의 '집체적(corporate)' 선이며, 둘째, 개인의 선의 총합으로서의 집합적 선(aggregate goods)이며, 셋째, 개인의 충족을 위한 조건의 '모음(ensemble)'이고 넷째, 사회나 집단의 구성원으로서 각 '인격(person)'에 선한 것이라는 의미가 있다.

112 칼빈, 『고린도전서 주석』, 359.

113 송용원, 『칼뱅과 공동선』, 177.
114 송용원, 『칼뱅과 공동선』, 180.
115 송용원, 『칼뱅과 공동선』, 183.
116 Inst., 4.17.2.
117 송용원, 『칼뱅과 공동선』, 185.
118 장 칼뱅, "제네바 교리문답", 『칼뱅소품집 2』, 박건택 역 (서울: 크리스천 르네상스), 141. "98문, 목사: 성도의 교통이란 말이 뒤따르는데 이것은 무엇을 뜻합니까? 아이: 이 말은 교회의 성원들 사이에 존재하고 있는 통일성을 좀 더 잘 표현하기 위해 첨가된 것입니다. 그리고 이 말은 우리 주님께서 그의 교회를 위해 베풀어 주시는 모든 은혜로우신 행위들이 성도 개개인의 유익과 구원을 위한 것임을 우리에게 인식시켜 줍니다. 교회 안에서는 모든 사람들이 서로 교제를 나누기 때문입니다."
119 송용원, 『칼뱅과 공동선』, 189.
120 송용원, 『칼뱅과 공동선』, 191.
121 송용원, 『칼뱅과 공동선』, 200.
122 이신열, "부에 대한 칼빈의 이해", 8-9.
123 송용원, 『칼뱅과 공동선』, 201.
124 칼빈, 『고린도전서 주석』, 356.

[에필로그]

1 뀔러, 『칼빈의 성화론』, 83.
2 존 칼빈, 『골로새서 주석』, 칼빈성경주석출판위원회 역 (서울: 성서교재간행회, 1980), 556.
3 클라우니, 『교회』, 69.
4 Inst., 3.2.36.
5 Inst., 3.2.34.
6 개핀, 『성령은사론』, 58.
7 크루쉐, 『칼빈의 성령론』, 344-45.

8 크루쉐, 『칼빈의 성령론』, 331.
9 크루쉐, 『칼빈의 성령론』, 333.
10 아놀드 비틀링거, 『은사와 은혜』, 22.
11 Inst., 3.24.1.
12 개핀, 『성령 은사론』, 56.
13 아리 바르스, "은사주의적 칼빈(Charismatic Calvin)", 234.
14 이신열, "부에 대한 칼빈의 이해", 76.
15 크루쉐, 『칼빈의 성령론』, 502.
16 크루쉐, 『칼빈의 성령론』, 504.